SCM

Stiftung Christliche Medien

Illustration: Anna-Karina Birkenstock, Hennef
Umschlag und Satz: Christoph Möller, Hattingen
Druck und Bindung: Dimograf
Gedruckt in Polen
ISBN 978-3-417-26417-3
Bestell-Nr. 226.417

Anja und Martin Gundlach

Das Gebetebuch

für die ganze Familie

SCM R.Brockhaus

Gewidmet unseren drei wundervollen Töchtern
Anna, Marie und Caroline

Inhaltsverzeichnis

Vorwort der Bundesministerin Dr. Ursula von der Leyen

Liebe Leserinnen und Leser,

Beten ist Reden mit Gott. Das ist, auf einen kurzen Nenner gebracht, der Kern dessen, was Beten wirklich ausmacht. Gott ist kein strenger, unnahbarer Schöpfer, wir können vor ihn treten und mit ihm reden.

„Vater unser", beginnt eines unserer bekanntesten Gebete. Und wie ein fürsorglicher Vater ist Gott für uns da und hört uns zu. „Sorgt euch um nichts, sondern in allen Dingen lasst euer Bitten in Gebet und Flehen mit Danksagung vor Gott kundwerden", hat der Apostel Paulus die frühen Christen im Brief an die Philipper (4,6) aufgerufen.

Es ist ein großes Geschenk zu wissen, dass da jemand ist, der für mich da ist, der mir zuhört, dem ich anvertrauen kann, was mich bewegt. „Nicht alle unsere Wünsche, aber alle seine Verheißungen erfüllt Gott", hat Dietrich Bonhoeffer einmal sehr schön gesagt.

Kinder beten meist ganz offen und unverkrampft. Wir Erwachsenen müssen manchmal erst wieder lernen, mit dem gleichen Urvertrauen mit Gott zu reden. Ich habe die Erfahrung gemacht, dass es mir hilft, gerade in schwierigen Situationen, ein Gebet zu sprechen. Oder am Abend, vor dem Einschlafen, „Danke" zu sagen für das, was mir Gutes widerfahren ist. Zugleich ist das Gebet ein schönes Ritual. Unser Alltag ist oft hektisch und unübersichtlich, manchmal verlieren wir das „große Ganze" aus den Augen. Dann hilft es, sich zurückzuziehen, ruhig zu werden und sich auf das Gespräch mit Gott zu konzentrieren. Dabei müssen es nicht immer „große Worte" sein, wir können Gott auch anvertrauen, dass wir müde sind, dass wir Angst haben, unseren Aufgaben nicht mehr gerecht zu werden, oder dass wir uns gefreut haben, als alle Kollegen mit angefasst haben, um als Team ein wichtiges Projekt zum Abschluss zu bringen. Das Buch von Anja und Martin Gundlach stellt uns viele Möglichkeiten vor, mit Gott zu sprechen. Wir finden altvertraute Gebete genauso wie Gebete aus anderen Ländern.

Wer nach Worten sucht, um mit Gott zu sprechen, findet hier geeignete Texte. Die liebevollen Illustrationen tun ein Übriges, das Buch zu einem kleinen „Schatzkästchen“ zu machen. Ich möchte Sie einladen, in diesem Buch zu blättern, zu lesen und Anregungen für eigene Gebete zu empfangen. Es lohnt sich.

Zu diesem Buch

Ein Buch zum Beten zu schreiben, ist eine besondere Freude. Weil es so bereichernd ist zu sehen, wie vielfältig und bunt all die Gebete sind, die von verschiedenen Menschen an ganz unterschiedlichen Orten und zu ganz unterschiedlichen Zeiten gesprochen werden. Es ist schön, die Gebetslieder zu hören oder in den alten Psalmen zu versinken.

Die Bibel gibt uns an vielen Stellen das Versprechen, dass unsere Gebete nicht verhallen, sondern gehört werden. „Wer bittet, der empfängt", heißt es in den Evangelien. Ein wunderbares Bild findet sich hier: Wenn schon Väter ihren Kindern kaum eine Bitte abschlagen können, dann wird erst recht Gott, der Vater im Himmel, die Gebete seiner Menschen erhören.

Tut er das wirklich? Für viele Beter, für die Erwachsenen vielleicht mehr als für die Kinder, bleibt immer auch ein kleiner Rest Zweifel. Es gibt auch Gebete, die für unser Empfinden nicht erhört werden. Deshalb ist dieses Buch auch eine besondere Herausforderung. Weil wir über eine Lebensäußerung schreiben, die im Letzten nicht zu ergründen ist. Da bleibt immer auch ein Geheimnis.

Dieses Buch ist eine herzliche Einladung an alle Familien, das Gebet erstmals oder wieder neu zu entdecken.

Familien sind der Ort, an dem Generationen von Menschen das Beten gelernt haben. Als Kinder mit den betenden Eltern auf der Bettkante oder gemeinsam bei den Mahlzeiten. In schwierigen Zeiten oder an großen Festen zusammen in der Kirche.

Natürlich kann sich auch jeder ganz allein ans Beten herantasten, egal, ob Kind oder Erwachsener.

Mit diesem Buch verbinden wir den Wunsch, dass das Beten in Ihrer Familie Raum findet und dass Sie gemeinsam gute Erfahrungen dabei machen.

Anja und Martin Gundlach

Gebete am Anfang des Tages

Der Anfang eines neuen Tages ist eine gute Zeit, um zu Gott zu kommen. Der Tagesbeginn als Zeit für ein Gebet hat eine lange Tradition. Aber manchen ist es für große Gedanken noch zu früh oder der Arbeits- und Schulalltag lässt da nicht die gewünschte Ruhe aufkommen.

Vielleicht greifen deshalb viele Familien morgens gern auf vorgefertigte Gebete zurück. „Gib uns einen guten Tag!“ und „Fülle unser Leben mit deinen guten Gedanken!“ – das sind zwei Ideen für einfache Gebete am Morgen.

Manche Eltern beten morgens auch mit ihren Kindern Luthers Morgensegen. Auch das ist eine schöne Möglichkeit, in den neuen Tag zu gehen und den Blick kurz auf Gott zu richten, bevor der Trubel des Alltags losgeht.

Morgensegen

Ich danke dir,
mein himmlischer Vater,
durch Jesus Christus,
deinen lieben Sohn,
dass du mich diese Nacht
vor allem Schaden und Gefahr
behütet hast,
und bitte dich,
du wollest mich diesen Tag
auch behüten vor Sünden
und allem Übel,
dass dir all mein Tun
und Leben gefalle.
Denn ich befehle mich,
meinen Leib und Seele
und alles in deine Hände.
Dein heiliger Engel sei mit mir,
dass der böse Feind
keine Macht an mir finde.

Martin Luther

Dieses Gebet ist über 500 Jahre alt. Martin Luther lebte vom 10. November 1483 bis zum 18. Februar 1546. Die Sprache ist heute eine andere, aber der Inhalt ist zeitlos.

Lieber Herr Jesus,
danke für diesen neuen Tag.
Sei auch heute bei mir.
Ich möchte was von deiner
Liebe weitergeben.
Heute ist ein voller Tag
...
Bitte hilf mir, trotzdem
freundlich zu bleiben.
Du bist so groß!

Anna, 9 Jahre

Wie fröhlich bin ich aufgewacht

Wie fröhlich bin ich aufgewacht!
Wie hab ich geschlafen
so sanft die Nacht.
Hab Dank im Himmel,
du Vater mein,
dass du hast wollen bei mir sein.
Behüte mich auch diesen Tag,
dass mir kein Leid geschehen mag.

Volksgut

Ich stehe auf

Die Nacht ist nun vorbei.
Die helle Sonne leuchtet neu.
Ich bin gesund und stehe auf.
Herr, segne meinen Tageslauf.

Unbekannter Verfasser

Wir leben von deiner Liebe

Vater im Himmel,
wir danken dir für die Ruhe der Nacht
und das Licht eines neuen Tages.
Wecke unser Herz,
mach unsere Sinne klar.
Gib uns Liebe für alle,
die uns heute begegnen.
Für die Menschen in unserem Haus
und für die Menschen draußen,
für alle, die deine Kinder sind.
Wir leben von deiner Liebe.
Hilf uns, deine Liebe weiterzugeben,
und gib uns einen guten Tag,
Vater im Himmel.

Jörg und Heidi Zink

Dieses Gebet haben Heidi und Jörg Zink geschrieben. Sie haben viele Gebete verfasst, die in verschiedenen Büchern gesammelt sind. Die beiden haben vier Kinder, die inzwischen schon erwachsen sind. Heidi und Jörg Zink sind längst Oma und Opa.

Dank für den neuen Tag

Vater im Himmel,
Lob und Dank sei dir für die Ruhe der Nacht,
Lob und Dank sei dir für den neuen Tag.
Lob und Dank sei dir für alle deine Güte und Treue
in meinem vergangenen Leben.
Du hast mir viel Gutes erwiesen,
lass mich nun auch das Schwere aus deiner Hand hinnehmen.
Du wirst mir nicht mehr auflegen, als ich tragen kann.
Du lässt deinen Kindern alle Dinge zum Besten dienen.
Herr, was dieser Tag auch bringt – dein Name sei gelobt.
Amen.

Dietrich Bonhoeffer

Lieber Gott,
danke für die gute Nacht.
Ich habe schön geträumt.
Du hast mir den Traum
geschenkt. Danke dafür.
Mit dir wird's ein schöner Tag.

Marie, 7 Jahre

Tischgebete

Ein Gebetsritual, das in Familien am häufigsten gepflegt wird, ist die Tradition des Tischgebetes. Für viele ist es eine feste Tradition, vor dem Essen zu beten. Zumindest dann, wenn alle gemeinsam am Tisch sitzen! Das Tischgebet erinnert daran, von wem wir das haben, was wir zum Leben brauchen.

Das Tischgebet ist auch eine Chance, Dankbarkeit zu lernen. Mehrmals am Tag werden wir daran erinnert, dass Gott auch heute unser Leben in seiner Hand hält. Dass er für uns sorgt.

Natürlich liegt in solch wiederkehrenden Ritualen eine Spannung. Oft denken wir nicht mehr wirklich darüber nach, was wir beten. Oder die Kinder streiten sich, wer denn nun beten darf oder wer das größte Schnitzel kriegt ...

Und doch erleben viele Familien auch beim Tischgebet ganz „große“ Momente – besonders dann, wenn eines der Kinder frei betet. Da dankt einer für den guten Tag in der Schule. Jemand anderes bittet für Menschen, die heute einen schwierigen Tag haben. Und manchmal beten auch die Kinder für die Anliegen der eigenen Eltern.

Egal, ob freies oder vorformuliertes Gebet: Es dient dazu, sich bei den Mahlzeiten kurz darauf zu besinnen, wer der Geber all dessen ist, was wir auf dem Tisch haben.

Weil du uns liebst

O Gott, von dem wir alles haben,
wir preisen dich für deine Gaben.
Du speisest uns, weil du uns liebst,
oh segne auch, was du uns gibst.

Alle guten Gaben

Alle guten Gaben
kommen, Herr, von dir.
Was wir sind und haben,
dafür danken wir.

Unser Gast

Komm, Herr Jesus, sei du unser Gast
und segne, was du uns bescheret hast.

Hinterher

Heute hab ich glatt vergessen,
dir zu danken vor dem Essen.
Magen voll und Teller leer,
dank ich dir halt hinterher.

Famose Tomatensoße

Für Spaghetti, lang und schlank,
sag ich meinem Schöpfer Dank.
Ebenso für die famose,
leckere Tomatensoße.

Fegen

Der Herr lass seinen Segen
über unseren Tisch fegen.

Was wir haben, kommt von dir

Wieder ist es Mittagszeit (Frühstückszeit),
und das Essen steht bereit.
Was wir haben, kommt von dir,
guter Gott, wir danken dir.

Jedes Tierlein

Jedes Tierlein hat sein Essen,
jedes Blümlein trinkt von dir.
Hast auch unser nicht vergessen,
lieber Gott, hab Dank dafür.

Dir zum Preise

Segne, Vater, diese Speise,
uns zur Kraft und dir zum Preise!

Diese Tischgebete sind so weit verbreitet, dass die Verfasser nicht zu ermitteln waren. Viele sind längst Allgemeingut geworden.

Gespräch zur Mittagszeit

Alles, Herr, ist dein Geschenk:
unser Essen und Getränk,
Wärme und Geborgenheit,
das Gespräch zur Mittagszeit.
Dass wir, Vater, Mutter, Kind,
hier gesund zusammen sind
und uns aneinander freun,
lass uns dafür dankbar sein.

Detlev Block

Aller Augen warten auf dich

Aller Augen warten auf dich,
und du gibst ihnen ihre Speise zur rechten Zeit.
Du tust deine Hand auf
und sättigst alles, was lebt,
nach deinem Wohlgefallen.

Psalm 145,15-16

Alle gute Gabe

Alle gute Gabe
kommt her von Gott, dem Herrn.
Drum dankt ihm, dankt,
drum dankt ihm, dankt,
und hofft auf ihn.

Matthias Claudius

Abendgebete

Viele sagen: „Der Abend ist die beste Tageszeit, um zu beten.“ Die Arbeit des Tages ist getan, alles wird etwas ruhiger und langsamer. Wir können zurückblicken auf das, was wir geschafft haben. Aber auch auf das, was uns nicht gelungen und was liegen geblieben ist. Mit all dem kommen wir zu Gott.

Im Neuen Testament finden wir die Anweisung, uns mit anderen zu versöhnen, „ehe die Sonne untergeht“. Der Abend ist ein guter Moment, um das Gespräch mit Gott und mit Menschen zu suchen. Um dann am Ende mit geklärten Verhältnissen ins Bett zu steigen.

Zurückblicken, zur Ruhe kommen, nachdenken, beten – dafür kann am Abend Raum sein. Aber dieser Platz ist umkämpft. Die größten Gegner heißen Fernsehen, Internet und Computer ...

Luthers Abendsegen

Das walte Gott Vater, Sohn und Heiliger Geist! Amen.

Ich danke dir, mein himmlischer Vater,
durch Jesus Christus, deinen lieben Sohn,
dass du mich diesen Tag gnädiglich behütet hast,
und bitte dich, du wollest mir vergeben alle meine Sünde,
wo ich Unrecht getan habe,
und mich diese Nacht auch gnädiglich behüten.
Denn ich befehle mich, meinen Leib und Seele
und alles in deine Hände.
Dein heiliger Engel sei mit mir,
dass der böse Feind keine Macht an mir finde.
Amen.

Guter Gott, danke für diesen Tag!

Guter Gott, wir danken dir für diesen Tag.

Jetzt können Eltern und Kinder abwechselnd erzählen, was an diesem Tag los war.

Schön war heute für mich ...
Schwierig fand ich ...
Ich mache mir Sorgen, dass ...
Bitte sei ganz besonders bei ...

Vater im Himmel, lass uns jetzt alle gut schlafen. Hab Dank, dass ich und meine Familie und die ganze Welt in deiner Hand sind. Amen.

Das Gebet muss der Schlüssel
für den Tag und das Schloss
für die Nacht sein.

Holländisches Sprichwort

Müde bin ich, geh zur Ruh

Müde bin ich, geh zur Ruh,
schließe meine Augen zu.
Vater, lass die Augen dein
über meinem Bette sein.

Alle, die mir sind verwandt,
Gott, lass ruhn in deiner Hand;
alle Menschen, groß und klein,
sollen dir befohlen sein.

Kranken Herzen sende Ruh,
nasse Augen schließe zu.
Lass den Mond am Himmel stehn
und die stille Welt besehn.

Luise Hensel

Du hast uns Kraft gegeben

Du hast uns Kraft gegeben
für alles, was wir getan haben,
und hast uns bewahrt.
Wir sind geborgen in dir
wie in der Hand eines Vaters,
wie im Arm einer Mutter.

Wenn wir nun schlafen,
dann wachst du über uns.
Bleibe uns nahe,
auch wenn wir träumen,
und gib uns und allen Menschen
Frieden bei dir.

Jörg Zink

Weißt du, wie viel Sternlein stehen

Weißt du, wie viel Sternlein stehen an dem blauen Himmelszelt?
Weißt du, wie viel Wolken gehen weithin über alle Welt?
Gott, der Herr, hat sie gezählet, dass ihm auch nicht eines fehlet
an der ganzen großen Zahl, an der ganzen großen Zahl.

Weißt du, wie viel Mücklein spielen in der heißen Sonnenglut?
Wie viel Fischlein auch sich kühlen in der hellen Wasserflut?
Gott, der Herr, rief sie mit Namen, dass sie all ins Leben kamen,
dass sie nun so fröhlich sind, dass sie nun so fröhlich sind.

Weißt du, wie viel Kinder frühe stehn aus ihrem Bettlein auf,
dass sie ohne Sorg und Mühe fröhlich sind im Tageslauf?
Gott im Himmel hat an allen seine Lust, sein Wohlgefallen,
kennt auch dich und hat dich lieb, kennt auch dich und hat dich lieb.

Wilhelm Hey

Dieses Lied eignet sich hervorragend zum gemeinsamen Singen auf der Bettkante. Es hat eine sehr eingängige und tröstende Aussage: In der Fülle der ganzen Welt sieht Gott den Einzelnen, freut sich und kennt ihn oder sie ganz persönlich. In dieser Gewissheit lässt sich gut schlafen!

Wunderbar geborgen

Von guten Mächten
wunderbar geborgen,
erwarten wir getrost,
was kommen mag.
Gott ist bei uns am Abend
und am Morgen
und ganz gewiss an jedem
neuen Tag.

Dietrich Bonhoeffer

Der Mond ist aufgegangen

Der Mond ist aufgegangen,
die goldnen Sternlein prangen
am Himmel hell und klar.
Der Wald steht schwarz und schweiget,
und aus den Wiesen steiget
der weiße Nebel wunderbar.

Wie ist die Welt so stille,
und in der Dämmrung Hülle
so traulich und so hold
als eine stille Kammer,
wo ihr des Tages Jammer
verschlafen und vergessen sollt.

Seht ihr den Mond dort stehen?
Er ist nur halb zu sehen,
und ist doch rund und schön!
So sind wohl manche Sachen,
die wir getrost belachen,
weil unsre Augen sie nicht sehn.

Gott, lass dein Heil uns schauen,
auf nichts Vergänglichs trauen,
nicht Eitelkeit uns freun.
Lass uns einfältig werden
und vor dir hier auf Erden
wie Kinder fromm und fröhlich sein.

So legt euch denn, ihr Brüder,
in Gottes Namen nieder;
kalt ist der Abendhauch.
Verschon uns, Gott, mit Strafen,
und lass uns ruhig schlafen!
Und unsern kranken Nachbarn auch!

Matthias Claudius

In der letzten Strophe kann man an der Stelle „und unsern kranken Nachbarn auch" einfach alle Menschen anfügen, um deren Not man weiß. Das können Nachbarn oder Freunde sein, aber auch Menschen, von deren Schwierigkeiten wir in den Nachrichten gehört haben.

Nun ruhen alle Wälder

Nun ruhen alle Wälder,
Vieh, Menschen, Städt' und Felder,
es schläft die ganze Welt.
Ihr aber, meine Sinnen,
auf, auf, ihr sollt beginnen,
was eurem Schöpfer wohl gefällt.

Wo bist du, Sonne, blieben?
Die Nacht hat dich vertrieben,
die Nacht, des Tages Feind.
Fahr' hin, ein andre Sonne,
mein Jesus, meine Wonne,
gar hell in meinem Herzen scheint.

Der Tag ist nun vergangen,
die güldnen Sternlein prangen
am blauen Himmelssaal;
also werd ich auch stehen,
wenn mich wird heißen gehen
mein Gott aus diesem Jammertal.

Paul Gerhardt

Ein seliges Ende

Eine gute Nacht und ein seliges Ende
gewähre uns allen der Herr.
Amen.

Gebete aus aller Welt

Der christliche Glaube ist überall auf der ganzen Welt zu finden. In Afrika zum Beispiel hat er eine lange Tradition. Die koptische Kirche (heutiges Ägypten) gehört zu den ältesten christlichen Kirchen überhaupt. Trotzdem wissen die meisten von uns sehr wenig über die afrikanischen Christen.

Auch in Asien und Lateinamerika gibt es viele Christen. In allen Teilen der Erde wird zu Jesus und zu Gott, dem Vater im Himmel, gebetet. Das klingt natürlich in den verschiedenen Kulturen sehr unterschiedlich. Manche der im Gebet verwendeten Bilder sind nur in einem bestimmten Kulturkreis zu verstehen.

Wenn wir auch in den verschiedenen Erdteilen und Kulturen je auf unsere eigene Weise mit Gott reden, so verbindet uns doch rund um den ganzen Erdball „ein Glaube und ein Herr“ (Epheser, Kapitel 4, Verse 4-6). Wie schön, dass bei Gott so eine Vielfalt möglich ist. Es ist ein bewegender Gedanke, dass wir im Gebet mit den Christen aus aller Welt verbunden sind.

Danke für den neuen Morgen

Herr, ich werfe meine Freude
wie Vögel an den Himmel.
Die Nacht ist verflattert
und ich freue mich am Licht.

So ein Tag, Herr, so ein Tag.
Deine Sonne hat den Tau weggebrannt
vom Gras und von unseren Herzen.
Was da aus uns kommt,
was da um uns ist an diesem Morgen,
das ist Dank.

Wir danken dir

für all die Schönheit dieser Erde.
Die Anmut deiner Schöpfung
ist wie ein kühler Tag
während der Regenzeit.
Wir trinken deine Schöpfung
mit unseren Augen.
Wir lauschen dem Gesang der Vögel
mit unseren Ohren.
Wie gut und stark und sicher
deine gute Erde riecht
und alles, was darauf wächst.

Aus Ghana

Schalengebet

Herr, mache mich zu einer Schale,
offen zum Nehmen, offen zum Geben,
offen zum Beschenktwerden,
offen zum Bestohlenwerden.

Herr, mache mich zu einer Schale für dich,
aus der du etwas nimmst
und in die du etwas hineinlegen kannst.
Wirst du bei mir etwas finden,
was du nehmen könntest?

Bin ich wertvoll genug,
sodass du etwas in mich hineinlegen willst?
Herr, mache mich zu einer Schale
für meine Mitmenschen,
offen für die Liebe,
für das Schöne, das sie verschenken wollen,
offen für ihre Sorgen und Nöte,
offen für ihre traurigen Blicke,
die von mir etwas fordern.

Herr, mache mich zu einer Schale!

Gebet der Töpfer von Taizé, Frankreich

Danke, dass meine Kühe wieder gesund geworden sind!

Herr, ich danke dir, dass meine Kühe wieder gesund geworden sind.
Ich danke dir auch, dass ich die verschwundenen Ziegen wiederbekommen habe.
Ich bitte dich, dass du meine Tiere vor Krankheit bewahrst und davor, dass sie gestohlen werden.
Bitte hilf auch, dass ich den Mann, der meine Schafe betreut, wiederfinde und dass ich meine Schafe wiederbekomme.
Danke für die Fremden hier im Gottesdienst. Danke, dass du sie auf der Fahrt nach Konna bewahrt hast.
Bitte bewahre sie auch, wenn sie wieder nach Hause fahren und segne sie.
Bitte segne auch den Pastor und seine Familie. Und mach auch meine Frau und Kinder gesund, die krank sind.
Amen.

Dieses Gebet wurde im Norden Malis in einem Gottesdienst in etwa so gesprochen. Bei Fulani, der als Hirte lebt, zeigt sich, was für ihn besonders wichtig ist: Zuerst kommt der Dank dafür, dass die Kühe wieder gesund geworden sind ...
Und so klingt es im Original in Bambara, einer Handelssprache in Mali:

Matigi, ne be barika da i ye. Ne baganw keneyara. Ne be barika da i ye - ne baw minw tununa, ne ye u soro tuguni. Ne be i deli i ka ne baganw mara bana la et sonw la. I ka ne démé ka saga genna soro min tununa. I ka ne sagaw kosegin nema. I ka dunaw duba u ka nali koson. I ka ulo mara sira la. Duba anw karamogo ni a ka dembaya. I ka ne muso ye ne denw keneyara. Amiina.

Kein Künstler kann so malen

Herr, zweimal am Tag malst du den Himmel voller Schönheit.
Die hellen Strahlen der Sonne am Morgen,
die goldenen Farben am Abend.
Solche Herrlichkeit kann kein Künstler malen,
solche Pracht kein Mensch erschaffen.

Vater im Himmel,
lass mich das Leben auf Erden mit Freuden genießen.
Lass mich anderen Menschen von deiner Schönheit
und deinem Überfluss schenken.
Lass alle Menschen erkennen, dass du ihr Vater bist,
lass alle dich lieben, dir danken.

Aus Papua-Neuguinea

Dank für die Schöpfung

Herr,
ich sehe Schönheit in deinem Werk.
Die gesamte Schöpfung verkündet deinen Ruhm.
Die riesigen Berge, das tiefblaue Meer,
der klare Himmel, die grünen Felder,
der Regen, die blühenden Blumen,
der fließende Bach,
die Schmetterlinge und Vögel,
sie alle loben dich,
o wunderbarer Herr der Schöpfung.

Du hast uns eine so schöne Welt geschenkt,
doch in unserer Unvollkommenheit
fehlen uns die Mittel und die Worte,
dir zu danken.

Aber du weißt, Herr,
was ganz tief in unserem
menschlichen Herzen ruht:
Es ist der Dank für all deine Gaben,
vor allem für die Gabe des Lebens,
durch das wir deine Schönheit
und Güte erfahren können.
Du hast die Welt so schön gemacht, Herr.
Amen

Aus Indonesien

Was ich dir wünsche

Möge Gott dich befreien,
möge Gott Tag und Nacht über dir wachen.
Möge er dich an den Platz stellen,
den er in diesem Leben für dich hat.
Mögest du gedeihen wie das Gras der Prärie.
Mögest du wachsen wie die Blätter eines Palmbaums.
Mögest du dich ausdehnen wie das Wasser eines Sees.
Möge Gott dir ein starkes Herz geben,
das niemals bricht.

Aus Kenia

Jesus,

du bist die frische Brise, die uns gedeihen lässt,
der Wind, der uns anbläst.
Du allein hast das ewige Leben.

Jesus,

Heiland der Armen,
der unsere Gesichter aufhellt –
wir vertrauen auf dich.

Aus Ghana

Gebete aus der Bibel

Seit fast dreitausend Jahren beten Menschen mit den Worten aus den biblischen Psalmen zu Gott. Und schon in diesen uralten Gebeten wird deutlich: Alle unsere Gefühle haben Platz, wenn wir mit Gott reden.

Freude und Dankbarkeit sowieso. Aber auch Traurigkeit und Wut, Angst und Verzweiflung und Schuld. All das finden wir in den Psalmen und in anderen Gebeten der Bibel. Aber es geht um noch mehr. Beten im biblischen Sinn heißt, dass wir nicht einfach „nur" unser Herz ausschütten, sondern dass wir mit einem vollen oder leeren Herzen den Weg zu Gott finden und mit ihm reden.

Oft enden auch sogenannte „Klagepsalmen" mit einem Hoffnungsschimmer: „Ich aber vertraue auf deine Liebe und juble darüber, dass du mich retten wirst. Mit meinem Lied will ich dich loben, denn du hast mir Gutes getan" (Psalm 13, Vers 6). Der Weg dahin ist für den Beter manchmal sehr weit – damals wie heute.

Weil aber diese alten biblischen Gebete so elementar menschlich sind, haben sie auch heute ihren Platz im Leben. Wir können die Worte der Psalm-Beter zu unseren machen oder an ihnen lernen, unsere eigenen Worte zu finden.

Mit dir kann ich über Mauern springen!

Ich liebe dich, Herr, durch dich bin ich stark!
Der Herr ist mein Fels, meine Burg und mein Retter;
mein Gott ist meine Zuflucht, bei dem ich Schutz suche.
Er ist mein Schild, die Stärke meines Heils und meine Festung!
Herr, wenn ich dich lobe und anrufe, dann werde ich vor meinen Feinden gerettet.
Herr, du hast Licht in mein Leben gebracht, du, mein Gott, hast meine Finsternis erhellt.
Mit dir kann ich ganze Armeen zerschlagen, mit dir überwinde ich jede Mauer.
Gottes Wege sind vollkommen. Alle Worte des Herrn sind wahr. Allen, die sich zu ihm flüchten, bietet er Schutz.
Wer ist Gott außer dem Herrn?
Wer ist ein Fels außer Gott?

Aus Psalm 18

Der gute Hirte

Der Herr ist mein Hirte. Nichts wird mir fehlen.
Er weidet mich auf saftigen Wiesen und führt mich zu frischen Quellen.
Er gibt mir neue Kraft. Er leitet mich auf sicheren Wegen, weil er der gute Hirte ist.
Und geht es auch durch dunkle Täler, fürchte ich mich nicht, denn du, Herr, bist bei mir.
Du beschützt mich mit deinem Hirtenstab.
Du lädst mich ein und deckst mir den Tisch vor den Augen meiner Feinde.
Du begrüßt mich wie ein Hausherr seinen Gast und gibst mir mehr als genug.
Deine Güte und Liebe werden mich begleiten mein Leben lang;
in deinem Haus darf ich für immer bleiben.

Psalm 23

Psalm 23 ist einer der bekanntesten Texte der gesamten Bibel. Es gibt viele alte und moderne Lieder, die ihn aufgreifen. In guten und schlechten Zeiten schenkt dieser Text auch heute immer wieder Ermutigung und Trost.

Dem Verachteten hilft der Herr aus seiner Not

Mein Herz freut sich am Herrn! Der Herr hat mir neue Kraft gegeben! Jetzt lache ich über meine Feinde; ja, ich freue mich über deine Hilfe.
Keiner ist heilig wie der Herr! Keiner außer dir; kein Fels ist wie unser Gott.
Er erhebt die Schwachen aus dem Staub - ja, den Armen aus dem Aschehaufen. Er behandelt sie wie Fürsten, setzt sie auf die Ehrenplätze.
Denn dem Herrn gehören die Säulen der Erde, auf sie hat er sie fest gegründet.

Diese Worte sind ein Teil von Hannas Gebet nach der Geburt ihres lang ersehnten Sohnes Samuel. Die Geschichte findet man im Alten Testament, 1. Samuel, Kapitel 1 und 2. Der obere Text stammt aus Kapitel 2, Verse 1, 2 und 8.

Das Gebet des Jabez

„Segne mich doch
und erweitere mein Gebiet!
Sei bei mir in allem, was ich tue,
und bewahre mich vor allem Kummer und Schmerz!"

Und Gott erfüllte ihm seine Bitte.

Unauffällig, fast versteckt in einer Geschlechterliste des Alten Testamentes, finden wir ein kurzes Gebet, das aus vier Zeilen besteht. Viele Christen auf der ganzen Welt haben diese Sätze zu ihrem täglichen Gebet gemacht. Die Worte finden sich in 1. Chronik, Kapitel 4, Vers 10.

Das Vaterunser

Unser Vater im Himmel!
Dein Name werde geheiligt.
Dein Reich komme.
Dein Wille geschehe
wie im Himmel so auf Erden.
Unser tägliches Brot gib uns heute.
Und vergib uns unsere Schuld
wie auch wir vergeben unsern Schuldigern.
Und führe uns nicht in Versuchung,
sondern erlöse uns von dem Bösen.
Denn dein ist das Reich,
und die Kraft und die Herrlichkeit
in Ewigkeit.
Amen.

Das Neue Testament ist der Teil der Bibel, in dem es vor allem um Jesus geht. Auch hier gibt es eine ganze Reihe von Gebeten. Das bekannteste ist sicher das „Vaterunser", eine Art „Modellgebet", das Jesus seinen Nachfolgern sagt, als sie ihn fragen: „Wie sollen wir beten?" (Matthäus Kapitel 6, Verse 9-13; Luther) Dietrich Bonhoeffer, Theologe und Widerstandskämpfer im 3. Reich, sagt über das Vaterunser: „Alle Gebete der Heiligen Schrift sind im Vaterunser zusammengefasst."

Unübersehbar handelt Gott

Von ganzem Herzen preise ich den Herrn.
Ich bin glücklich über Gott, meinen Retter.
Ohne Ende kümmert er sich in seiner Barmherzigkeit um alle, die ihn fürchten. Unübersehbar handelt Gott in der Welt. Die Stolzen bekommen seine Macht zu spüren.
Er stürzt Herrscher von ihrem Thron, doch Unterdrückte richtet er auf. Die Hungrigen beschenkt er mit Gütern, und die Reichen schickt er mit leeren Händen weg. Seine Barmherzigkeit hat er uns zugesagt, ja, er wird seinem Volk Israel helfen.
So hat er es unseren Vätern, Abraham und seinen Nachkommen, immer verheißen.

Diese Worte sind aus dem sogenannten „Lobgesang" von Maria (in Lukas Kapitel 1). Sie betet ihn, nachdem sie die Nachricht bekommen hat, dass der Messias der Welt von ihr geboren werden soll.

Was du willst, soll geschehen

Mein Vater, wenn es möglich ist,
so bewahre mich vor diesem Leiden.
Dir ist alles möglich. Aber nicht,
was ich will, sondern was du willst,
soll geschehen!

Dieses Gebet spricht Jesus kurz vor seinem Tod im Garten Gethsemane (Markus Kapitel 14, Verse 35 und 36). Vielen Menschen ist es in schwierigen Zeiten ein wichtiges Gebet geworden. So wie Jesus kann der Beter auch heute ehrlich zu Gott kommen, mit aller Angst und Sorge, und ihm sein Leben anvertrauen.

Wenn die Wogen tosen

Gott ist unsre Zuflucht und unsre Stärke, der uns in Zeiten der Not hilft.
Deshalb fürchten wir uns nicht, auch wenn die Erde bebt
und die Berge ins Meer stürzen,
wenn die Ozeane wüten und schäumen
und durch ihre Wucht die Berge erzittern!

Aus Psalm 46

Wie lange noch?

Herr, wie lange willst du mich noch vergessen? Wie lange willst du dich noch von mir abwenden?
Wie lange soll meine Seele noch sorgen und mein Herz täglich aufs Neue trauern? Wie lange wird mein Feind noch die Oberhand behalten?
Wende dich mir zu und erhöre mich, Herr, mein Gott! Mach es wieder hell vor meinen Augen, damit ich nicht sterbe.
Lass nicht zu, dass meine Feinde triumphieren und sagen: „Wir haben ihn besiegt!“ Lass nicht zu, dass sie jubeln, weil ich unterliege.
Ich vertraue auf deine Gnade. Ich freue mich, dass du mich retten wirst. Ich will dem Herrn ein Loblied singen, weil er so gut zu mir war.

Psalm 13

Bei dir finde ich Zuflucht

Wer unter dem Schutz des Höchsten wohnt, der kann bei ihm, dem Allmächtigen, Ruhe finden.
Ich sage zu Gott, dem Herrn: „Bei dir finde ich Zuflucht, du schützt mich wie eine Burg! Mein Gott, dir vertraue ich!"
Er wird dich behüten wie eine Henne, die ihre Küken unter die Flügel nimmt. Seine Treue schützt dich wie ein starker Schild.
Du brauchst keine Angst zu haben vor den Gefahren der Nacht und den heimtückischen Angriffen bei Tag.
Denn Gott hat seine Engel ausgesandt, damit sie dich schützen, wohin du auch gehst.
Sie werden dich auf Händen tragen, und du wirst dich nicht einmal an einem Stein verletzen.

Aus Psalm 91

Erschaffe in mir ein reines Herz!

Gott, sei mir gnädig um deiner Gnade willen und vergib mir meine Sünden nach deiner großen Barmherzigkeit.
Wasche mich rein von meiner Schuld und reinige mich von meiner Sünde.
Denn ich bekenne meine Sünde, die mich Tag und Nacht verfolgt.
Gegen dich allein habe ich gesündigt und getan, was in deinen Augen böse ist. Darum wirst du Recht behalten mit dem, was du sagst, und dein Urteil über mich ist gerecht.
Gott, erschaffe in mir ein reines Herz und gib mir einen neuen, aufrichtigen Geist.
Verstoße mich nicht aus deiner Gegenwart und nimm deinen Heiligen Geist nicht von mir.
Lass mich durch deine Hilfe wieder Freude erfahren und mach mich bereit, dir zu gehorchen.

Aus Psalm 51

Psalm 51 gehört zu den sogenannten Bußpsalmen. Besonders in diesen Psalmen wird deutlich, dass Beten nicht nur eine fröhliche Angelegenheit ist, sondern dass auch Trauer, Schuld, Ärger und Wut Platz haben im Gespräch mit Gott.

Alte Gebete

Wenn Gebete ehrlich und echt sind, dann verlieren sie auch über die Zeit nicht ihre Aktualität und Geltung. Vor allem, wenn sie grundlegende menschliche Erfahrungen wie Angst oder Freude, Frieden oder Zweifel betreffen. Da ist es oft hilfreich, wenn man mit den Worten anderer das sagen kann, was einen selber bewegt. Genau wie auch Kinder immer wieder das beten, was sie von ihren Eltern hören – manchmal im „O-Ton“, manchmal in ihren eigenen Worten.

Darum an dieser Stelle ein paar alte, aber zeitlose Gebete. Sie helfen uns immer wieder zu sehen, dass wir mit unserem Gebet in einem großen Kreis vieler Beter durch alle Zeiten stehen. Dass sich die Anliegen der Menschen früher und heute ähnlich sind und wir auch in unserer technisch fortgeschrittenen Zeit zu den alten Worten und Bitten zurückkommen können.

Auch dass Gebete nicht erhört werden, ist eine Erfahrung früherer Zeiten. Franz von Sales lebte im 16. Jahrhundert, war Bischof von Genf und legte in seiner Arbeit (gegen den damaligen Trend) einen besonderen Schwerpunkt auf Seelsorge und geistliches Leben. Er sagt: „In der Ewigkeit werden wir Gott für die Gebete, die er nicht erhört hat, vielleicht noch dankbarer sein als für die, die er erhört hat.“ Er meint damit: Gott weiß noch besser als wir selbst, was für uns gut ist.

Um dieses Vertrauen geht es beim Beten, damals wie heute.

Bis unser Herz Ruhe findet bei dir

Herr, du bist groß und hoch zu loben;
groß ist deine Macht.
Deine Weisheit ist ohne Ende.
Dich zu loben wagt der Mensch,
ein winziger Teil deiner Schöpfung,
der Mensch, der dem Tod verfallen ist,
der weiß um seine Sünde und weiß,
dass du dem Stolzen widerstehst.
Und dennoch, du selbst willst es so:
Wir sollen dich loben aus fröhlichem Herzen;
denn du hast uns auf dich hin geschaffen,
und unruhig ist unser Herz,
bis es Ruhe findet in dir.

Augustinus (354–430) lebte im heutigen Algerien und war Bischof von Hippo Regius, sogenannter Kirchenvater und Begründer des Augustinerordens. Die Einflüsse seiner Lehren wirken bis heute in der Theologie fort.

Unter deinem Schutz

Herr, schau herab auf uns und leite uns.
Lass leuchten über uns dein Antlitz.
Lass unserer Hände Werk gelingen;
ja, lass gelingen unserer Hände Werk.

Lass mich aufstehen mit deinem Segen
und unter deinem Schutz meinen Weg gehen.
Christus, durch mich zeige den Menschen,
was deine Kraft und Güte vermag.
Bleibe mir zur Seite, stehe mir bei.

Walther von der Vogelweide war ein Dichter und Sänger des Mittelalters.

Erleuchte meine Augen

Jesus, Sohn Davids, erbarme dich meiner.
Erleuchte du meine Augen, dass ich den Weg zu dir finde.
Mach du meine Schritte fest, dass ich vom Weg nicht abirre,
öffne du meinen Mund, dass ich von dir spreche.
Du willst, dass ich meine Mitmenschen liebe.
Lass mich ihnen so dienen,
dass sie ihr Heil finden
und in deine Herrlichkeit gelangen.

Dieses Gebet stammt von Alkuin, einem bedeutenden Gelehrten und Theologen des 8. Jahrhunderts. Lange Jahre lebte und wirkte er am Hof von Karl dem Großen. Er hatte starken Einfluss auf den Frankenkönig und die kirchlichen Entwicklungen seiner Zeit.

Hoffnung und Liebe

Höchster, glorreicher Gott,
erleuchte die Finsternis meines Herzens
und schenke mir rechten Glauben,
gefestigte Hoffnung und vollendete Liebe.
Gib mir, Herr, das Empfinden und Erkennen,
damit ich deinen heiligen und wahrhaftigen Auftrag erfülle.

Franz von Assisi (1181–1226) stammte aus einer reichen italienischen Adelsfamilie und verzichtete wegen seines Glaubens auf sein Erbe. Er lebte in Armut einen sehr fröhlichen und ansteckenden Glauben und gründete den Orden der Franziskaner, den es bis heute gibt.

Herr, mache mich zu einem Werkzeug deines Friedens …

... dass ich Liebe übe, wo man sich hasst.

... dass ich verzeihe, wo man sich beleidigt.

... dass ich verbinde, da wo Streit ist.

... dass ich die Wahrheit sage, wo der Irrtum herrscht.

... dass ich den Glauben bringe, wo der Zweifel drückt.

... dass ich die Hoffnung wecke, wo Verzweiflung quält.

... dass ich Dein Licht anzünde, wo die Finsternis regiert.

... dass ich Freude mache, wo der Kummer wohnt.

Herr, lass mich trachten,
nicht, dass ich getröstet werde, sondern dass ich tröste;
nicht, dass ich verstanden werde, sondern dass ich verstehe;
nicht, dass ich geliebt werde, sondern dass ich liebe.

Denn wer sich hingibt, der empfängt.
Wer sich selbst vergisst, der findet.
Wer verzeiht, dem wird verziehen.
Und wer stirbt, der erwacht zum ewigen Leben.

Dieses Gebet wird Franz von Assisi zugeschrieben, ist aber vermutlich später – wenn auch in seinem Geist – entstanden. Es war das tägliche Gebet Mutter Teresas, die in den Slums von Kalkutta arbeitete und lebte.

Zeit für Stille, Zeit für Spiel

Herr meiner Stunden und meiner Jahre,
du hast mir viel Zeit gegeben.
Sie liegt hinter mir und sie liegt vor mir.
Sie war mein und wird mein,
und ich habe sie von dir.
Ich danke dir für jeden Schlag der Uhr
und für jeden Morgen, den ich sehe.

Ich bitte dich,
dass ich ein wenig dieser Zeit
freihalten darf von
Befehl und Pflicht,
ein wenig für Stille,
ein wenig für Spiel,
ein wenig für die Menschen
am Rande meines Lebens,
die einen Tröster brauchen.

Martin Luther (1483–1546) ging es in „seiner" Theologie vor allem um den Unterschied zwischen Gesetz und Gnade; darum, dass allein der Glaube vor Gott gerecht macht. Er löste die Reformation aus und wurde zum „Begründer" des evangelischen Glaubens. Außerdem übersetzte er als Erster die Bibel ins Deutsche. Gerade der zweite Teil des Gebets zeigt uns, wie wenig sich an den großen Fragen geändert hat: Auch wir brauchen Zeit für Stille, Spiel und für andere Menschen, die Trost suchen.

Gott allein genügt

Nichts soll dich ängstigen,
nichts dich erschrecken.
Alles geht vorüber.
Gott allein bleibt derselbe.
Alles erreicht der Geduldige,
und wer Gott hat, der hat alles.
Gott allein genügt.

Teresa von Avila (1515–1582) wurde in Kastilien geboren und gehörte dem Karmeliterorden an. Sie hatte trotz einer sehr schwachen Gesundheit großen Anteil an Reformen in ihrem Orden. Es ist ein schlichtes Gebet, aber gerade in seiner Einfachheit so tiefgängig.

Loblied dem Schöpfer

(von einem Erforscher der Schöpfung ...)

Groß ist unser Herr und seiner Weisheit
und Macht kein Ende.

Lobet ihn, Sonne, Mond und Planeten,
in welcher Sprache immer euer Loblied
dem Schöpfer erklingen mag.
Lobet ihn, ihr himmlischen Harmonien,
und auch ihr, die Zeugen und Bestätiger
seiner enthüllten Wahrheiten.

Und du, meine Seele, singe die Ehre des Herrn
dein Leben lang! Von ihm und durch ihn
und zu ihm sind alle Dinge, die sichtbaren
und die unsichtbaren. Ihm allein sei Ehre
und Ruhm von Ewigkeit zu Ewigkeit.

Ich danke dir, Schöpfer und Herr, dass du
mir diese Freude an deiner Schöpfung,
das Entzücken über die Werke deiner Hände geschenkt
hast. Ich habe die Herrlichkeit deiner
Werke den Menschen kundgetan, soweit mein endlicher
Geist deine Unendlichkeit zu fassen vermochte.

Wo ich etwas gesagt habe, das deiner unwürdig ist,
oder wo ich der eigenen Ehre nachgetrachtet habe,
da vergib mir in Gnaden.

Johannes Kepler (1571–1630) war Wissenschaftler und Astronom. Gerade bei seiner Forschungsarbeit entdeckte er Gottes Größe.

Falsche (alte) Gebete?

Einige traditionelle Gebete sind heute unpassend oder theologisch nicht haltbar: „Lieber Gott, mach mich fromm, dass ich in den Himmel komm!“ Dieses alte Gebet ist Unsinn. Jesus öffnet uns die Tür zum Himmel, nicht unsere wachsende Frömmigkeit. Auch das folgende bekannte Gebet würden wir unseren Kindern nicht zumuten: „Ich bin klein, mein Herz mach rein, soll niemand drin wohnen als Jesus allein.“ Ein Herz, in dem nur Jesus wohnt? Wer einen realistischen Blick auf sich selbst hat, weiß, dass da immer auch ganz viel anderes seinen Platz haben wird. Nicht alles, was sich reimt, ist deswegen richtig ... Wenn wir als Kinder und Eltern gemeinsam beten, sind beide Parteien herausgefordert. Eltern sprechen im Gebet ihren Kindern nicht etwas vor. Sondern wenn sie beten, dann teilen sie an dieser Stelle ihren Glauben mit ihren Kindern. Die sich daran natürlich orientieren. Und da gilt es vor allem echt zu sein. Ansonsten wird das gemeinsame Gebet zum Theater.

Du weißt, was mir gut tut

Vater im Himmel,
ich bitte dich weder um Gesundheit
noch um Krankheit,
weder um Leben noch um Tod,
sondern darum, dass du meine Gesundheit
und meine Krankheit,
mein Leben und meinen Tod
in deine Hände nimmst
zu deiner Ehre und meinem Heil.

Du allein weißt, was mir gut tut.
Du allein bist der Herr.
Tu mit mir, was du willst.
Gib mir, nimm mir, wie du willst,
aber mache meinen Willen
dem deinen gleich.

Blaise Pascal (1623–1662) war ein hochbegabter französischer Mathematiker, Physiker, Philosoph und Theologe. Obwohl er so viel wusste, lebte er eine schlichte und tiefe Frömmigkeit. Aber er merkte oft auch, dass es nicht ganz einfach war, seine großen geistigen Fähigkeiten (seine Vernunft, seinen Kopf) und seine Liebe zu Gott (seinen Glauben, sein Herz) zusammenzubringen.

Von guten Mächten geborgen

Von guten Mächten treu und still umgeben,
behütet und getröstet wunderbar,
so will ich diese Tage mit euch leben
und mit euch gehen in ein neues Jahr.

Noch will das Alte unsre Herzen quälen,
noch drückt uns böser Tage schwere Last.
Ach Herr, gib unsren aufgescheuchten Seelen
das Heil, für das du uns bereitet hast.

Und reichst du uns den schweren Kelch, den bittern,
des Leids, gefüllt bis an den höchsten Rand,
so nehmen wir ihn dankbar ohne Zittern
aus deiner guten und geliebten Hand.

Doch willst du uns noch einmal Freude schenken
an dieser Welt und ihrer Sonne Glanz,
dann wolln wir des Vergangenen gedenken,
und dann gehört dir unser Leben ganz.

Lass warm und still die Kerzen heute flammen,
die du in unsre Dunkelheit gebracht,
führ, wenn es sein kann, wieder uns zusammen.
Wir wissen es, dein Licht scheint in der Nacht.

Wenn sich die Stille nun tief um uns breitet,
so lass uns hören jenen vollen Klang
der Welt, die unsichtbar sich um uns weitet,
all deiner Kinder hohen Lobgesang.

Von guten Mächten wunderbar geborgen,
erwarten wir getrost, was kommen mag.
Gott ist mit uns am Abend und am Morgen
und ganz gewiss an jedem neuen Tag.

Dieses Gebet formulierte Dietrich Bonhoeffer im Dezember 1944 im Gefängnis. Bonhoeffer war Theologe und leistete aus seinem Glauben heraus auch Widerstand gegen Hitler und sein Regime.
Deshalb wurde er inhaftiert und noch im April 1945 hingerichtet. Für viele Christen hat dieses Gebet in persönlichen Krisenzeiten eine große Kraft entfaltet.

Gesungene Gebete

Musik spielt in vielen Familien eine große Rolle. In vielen Häusern wird gern und viel gesungen oder es läuft Musik aus dem CD-Player, Radio oder MP3-Player. Musik in Filmen, Musik in der Werbung, Musik im Supermarkt – Musik ist allgegenwärtig.

Schon immer wurden Gebete nicht nur gesprochen, sondern auch gesungen. Viele Psalmen sind ursprünglich „gesungen" worden (auch wenn Singen damals etwas anders ablief als heute). In den letzten Jahrhunderten sind immer wieder Gebete vertont worden. Die Musik kann den Text eingängiger machen und erreicht uns auf anderen Wegen, als es Worte tun.

Gerade in den letzten dreißig Jahren haben Liederschreiber wieder verstärkt die Möglichkeiten entdeckt, Gebete in Liedern auszudrücken. Diese Anbetungslieder werden heute quer durch alle Konfessionen in Gottesdiensten, Hauskreisen und Kindergruppen gesungen. Oft geht es um die Größe Gottes, seine Liebe und seine Barmherzigkeit. Viele Christen sagen von sich, dass ihnen gerade in diesen Liedern Gott sehr nahe kommt.

Die Texte der Lieder verankern sich oft tiefer in uns als das gesprochene Wort. Deswegen ist es so wichtig, dass Kinder (und Erwachsene!) Lieder singen, die die Seele mit göttlichen Grundwahrheiten füllen.

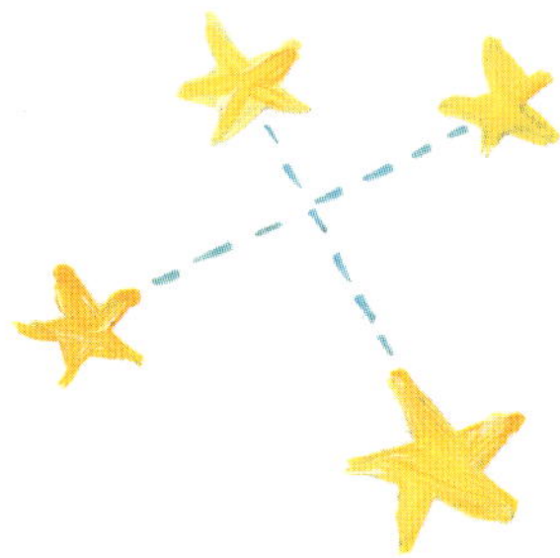

Großer Gott, wir loben dich

Großer Gott, wir loben dich;/ Herr, wir preisen deine Stärke./
Vor dir beugt die Erde sich/
und bewundert deine Werke./ Wie du warst vor aller Zeit,/
so bleibst du in Ewigkeit.

Alles, was dich preisen kann,/ Cherubim und Seraphinen,/
stimmen dir ein Loblied an,/
alle Engel, die dir dienen,/ rufen dir stets ohne Ruh:/
„Heilig, heilig, heilig!“ zu.

Heilig, Herr Gott Zebaoth!/ Heilig, Herr der Himmelsheere!/
Starker Helfer in der Not!/
Himmel, Erde, Luft und Meere/ sind erfüllt von deinem Ruhm;/
alles ist dein Eigentum.

Sieh dein Volk in Gnaden an./ Hilf uns, segne, Herr, dein Erbe;/
Leit es auf der rechten Bahn,/ dass der Feind es nicht verderbe./
Führe es durch diese Zeit,/ nimm es auf in Ewigkeit.

Herr, erbarm, erbarme dich./ Lass uns deine Güte schauen;/
deine Treue zeige sich,/
wie wir fest auf dich vertrauen./ Auf dich hoffen wir allein:/
Lass uns nicht verloren sein.

Ignaz Franz

Stern, auf den ich schaue

Stern, auf den ich schaue,/ Fels, auf dem ich steh,/ Führer, dem ich traue,/
Stab, an dem ich geh,/ Brot, von dem ich lebe,/ Quell, an dem ich ruh,/
Ziel, das ich erstrebe,/ alles, Herr, bist du.

Ohne dich, wo käme/ Kraft und Mut mir her?/ Ohne dich, wer nähme/
meine Bürde, wer?/
Ohne dich, zerstieben/ würden mir im Nu/ Glauben, Hoffen, Lieben/
alles, Herr, bist du.

Drum so will ich wallen/ meinen Pfad dahin,/ bis die Glocken schallen/
und daheim ich bin./
Dann mit neuem Klingen/ jauchz ich froh dir zu:/ Nichts hab ich zu
bringen,/ alles, Herr, bist du!

Cornelius Friedrich Adolf Krummacher

Danke, für diesen guten Morgen

Danke, für diesen guten Morgen,/ danke, für jeden neuen Tag./
Danke, dass ich all meine Sorgen auf dich werfen mag.

Danke, für alle guten Freunde,/ danke, o Herr, für jedermann./
Danke, wenn auch dem größten Feinde/ ich verzeihen kann.

Danke, für meine Arbeitsstelle,/ danke, für jedes kleine Glück./
Danke, für alles Frohe, Helle/ und für die Musik.

Danke, für manche Traurigkeiten,/ danke, für jedes gute Wort./
Danke, dass deine Hand mich leiten/ will an jedem Ort.

Danke, dass ich dein Wort verstehe,/ danke, dass deinen Geist du gibst./
Danke, dass in der Fern und Nähe/ du die Menschen liebst.

Danke, dein Heil kennt keine Schranken,/ danke, ich halt mich fest daran./
Danke, ach Herr, ich will dir danken, dass ich danken kann.

Martin Gotthard Schneider

Das Lied „Danke, für diesen guten Morgen" ist eines der wenigen christlichen Lieder, die wirklich zum „Volksgut" geworden sind. Seit den Sechzigerjahren wird dieses Lied in Schulen, Kirchen und Familien gesungen. Meistens ist es für Gitarrenspieler eines der ersten Stücke, die sie beherrschen ...

Meine Zeit steht in deinen Händen

Refrain: Meine Zeit steht in deinen Händen. Nun kann ich ruhig sein, ruhig sein in dir./ Du gibst Geborgenheit, du kannst alles wenden./ Gib mir ein festes Herz, mach es fest in dir.

Sorgen quälen und werden mir zu groß./ Mutlos frag ich: Was wird Morgen sein?/ Doch du liebst mich, du lässt mich nicht los./ Vater, du wirst bei mir sein.

Hast und Eile, Zeitnot und Betrieb/ nehmen mich gefangen, jagen mich./ Herr, ich rufe: Komm und mach mich frei!/ Führe du mich Schritt für Schritt.

Es gibt Tage, die scheinen ohne Sinn./ Hilflos seh ich wie die Zeit verrinnt./ Stunden, Tage, Jahre gehen hin,/ und ich frag, wo sie geblieben sind.

Peter Strauch

Du hast Erbarmen

Du hast Erbarmen und zertrittst all meine Schuld./
Du hilfst mir auf in deiner Treue und Geduld./
Du nimmst mir meine Last, nichts ist für dich zu schwer./
Du wirfst all meine Sünden tief hinab ins Meer.

Wer ist ein Gott wie du,/ der die Sünde verzeiht und das Unrecht vergibt?/
Wer ist ein Gott wie du,/
nicht für immer bleibt dein Zorn bestehn,/ denn du liebst es, gnädig zu sein.

Albert Frey

Wo ich auch stehe

1. Wo ich auch stehe, du warst schon da./ Wenn ich auch fliehe, du bist mir nah./ Was ich auch denke, du weißt es schon./ Was ich auch fühle, du wirst verstehn.

Und ich danke dir, dass du mich kennst und trotzdem liebst./ Und dass du mich beim Namen nennst und mir vergibst./ Herr, du richtest mich wieder auf, / und du hebst mich zu dir hinauf./ Ja ich danke dir, dass du mich kennst und trotzdem liebst.

2. Du kennst mein Herz, die Sehnsucht in mir./ Als wahrer Gott und Mensch warst du hier./ In allem uns gleich und doch ohne Schuld./ Du bist barmherzig, voller Geduld.

Albert Frey

Wunderbarer Hirt

1. Du bist ein wunderbarer Hirt,/ der mich zu frischem Wasser führt./
Du hast so reich gedeckt, des Königs Tisch für mich,. für mich.

2. Du bist mein Stecken und mein Stab./ Und wandre ich im finstren Tal, /
fürcht ich kein Unheil mehr, denn du bist hier bei mir,/ bei mir.

Refrain: Ich komm, ich komm, an deinen Tisch./ Ich komm, ich komm,
und ich bin gewiss: Du bist/ mein wunderbarer Hirt.

3. Du hast mein Haupt gesalbt mit Öl./ Den Becher bis zum Rand gefüllt./
An deiner Hand wird meine Seele still. Sie wird still./ Refrain:..

Lothar Kosse

Diese drei Lieder sind Bespiele für die modernen Anbetungslieder, die seit Ende der 70er-Jahre aus dem Boden sprießen. Einfache und eingängige Melodien kommen zusammen mit kurzen, leicht verständlichen Texten.

Komm, jetzt ist die Zeit

Komm, jetzt ist die Zeit, wir beten an./ Komm, jetzt ist die Zeit, gib ihm dein Herz./ Komm, so wie du bist, und bete an./ Komm, so wie du bist, vor deinen Gott./ Komm.
Jede Zunge wird dich bekennen als Gott./ Jeder wird sich beugen vor dir./ Doch der größte Schatz bleibt für die bestehn,/ die jetzt schon mit dir gehn.

Brian Doerksen, dt. von Daniel Jacobi und Guido Baltes

Einige der deutschsprachigen Anbetungslieder sind auch wie dieses Lied Übersetzungen aus dem Englischen. Dieses Lied ist inzwischen für viele Gottesdienste hierzulande das Eröffnungslied. Bei Veranstaltungen mit dem Kanadier Brian Doerksen, der es geschrieben hat, kommt es oft ganz zum Schluss. Er sagt: „Anbetung findet mitten im Leben statt. Wenn die gemeinsame Gebetszeit vorbei ist, dann geht das Leben mit Gott erst richtig los, in den Herausforderungen des Alltags."
Brian Doerksen muss es wissen: Er hat sechs Kinder ...

Nun danket alle Gott

Nun danket alle Gott/ mit Herzen, Mund und Händen,/
der große Dinge tut/ an uns und allen Enden,/
der uns von Mutterleib und Kindesbeinen an/
unzählig viel zugut/ bis hierher hat getan.

Der ewig reiche Gott/ woll uns bei unserm Leben/
ein immer fröhlich Herz/ und edlen Frieden geben/
und uns in seiner Gnad/ erhalten fort und fort/
und uns aus aller Not/ erlösen hier und dort.

Lob, Ehr und Preis sei Gott/ dem Vater und dem Sohne/
und Gott dem Heilgen Geist im höchsten Himmelsthrone,/
ihm, dem dreiein'gen Gott,/ wie es im Anfang war/
und ist und bleiben wird/ so jetzt und immerdar.

Martin Rinckart

Segensgebete

Eine wunderbare alte biblische Tradition ist es zu segnen. Wir kennen es heute fast nur noch im Rahmen des Gottesdienstes – da bleibt es dann meist dem Priester oder Pastor vorbehalten. Aber das ist eigentlich zu wenig.

Segen – das ist im Alten Testament all das Gute, das von Gott kommt. Jemanden zu segnen bedeutete: Einem Menschen alles Gute zusprechen, das Gott seinen Geschöpfen schenken kann und möchte. Und das war oft sehr alltäglich und auch sehr „irdisch“: Da ging es um materielle Versorgung, Kinder, Gesundheit usw.

Das deutsche Wort „segnen“ ist aus dem Kirchenlatein abgeleitet. Es steckt das lateinische Wort „signum“ darin. Das bedeutet, das Zeichen des Kreuzes auf jemanden zu legen. Jemanden zu segnen heißt also, ihn unter das Kreuz Jesu zu stellen. Im Segen wird ihm alles zugesprochen, was Jesus uns zugesprochen hat – Frieden mit Gott, Vergebung, Freiheit.

Es geht aber auch um die Sorge um unsere körperlichen und seelischen Bedürfnisse. Segnen ist also etwas für den Alltag. Denn es bedeutet, einem anderen – in der Familie oder auch außerhalb – etwas Gutes von Gott zuzusprechen. Das können wir mit eigenen Worten tun oder mit Worten der Bibel. Segnen bedeutet einfach seinem Gegenüber zu sagen: „Gott ist mit dir. Du bist nicht allein. Dein ganzes Leben ist in seiner Hand.“

Nahrung und Frieden

Möge Gott dir immer geben,
was du brauchst:
Arbeit für deine fleißigen Hände,
Nahrung für deinen hungrigen Leib,
Antworten für deinen fragenden Geist,
Freude und Liebe für dein warmes Herz
und Frieden für deine suchende Seele.

Irische Segenswünsche

Gerade alte irische Segenswünsche sind in den letzten Jahren neu entdeckt worden und erfreuen sich großer Beliebtheit. Die oft einfachen, aber ausdrucksstarken Bilder machen den Segen Gottes so „(be)greifbar" und alltagstauglich. Wir haben da schon so manche Karte mit einem solchen Vers an Menschen in schwierigen oder guten Zeiten geschickt. Wir haben auch schon viele solcher Karten bekommen. Und das hat immer gut getan, Kraft gegeben. Denn es ist eine Erinnerung daran, dass unser Leben in Gottes Hand liegt.

Gott sei über dir

Gott sei über dir,
um dich zu behüten.

Gott sei vor dir,
um dir den rechten Weg zu zeigen.

Gott sei neben dir,
um dich zu beschützen
gegen die Gefahren von links und rechts.

Gott sei hinter dir,
um dich zu bewahren
vor der Heimtücke böser Menschen.

Gott sei unter dir,
um dich aufzufangen,
wenn du fällst.

Gott sei in dir,
um dich zu trösten,
wenn du traurig bist.

Ich wünsche dir

die Fröhlichkeit eines Vogels
im Ebereschenbaum am Morgen,

die Lebensfreude eines Fohlens
auf der Koppel am Mittag,

die Gelassenheit eines Schafes
auf der Weide am Abend.

Segenswünsche aus der Bibel

Gott wende sich dir in Liebe zu

Der Herr segne dich und beschütze dich.
Der Herr wende sich dir freundlich zu
und sei dir gnädig.
Der Herr sei dir besonders nahe
und gebe dir seinen Frieden.

4. Mose 6,24-26

Wie ein Baum

Gesegnet aber ist der Mann,
der sich auf den Herrn verlässt
und dessen Zuversicht der Herr ist.
Der ist wie ein Baum, am Wasser gepflanzt,
der seine Wurzeln zum Bach hin streckt.

Denn obgleich die Hitze kommt,
fürchtet er sich doch nicht,
sondern seine Blätter bleiben grün;
und er sorgt sich nicht,
wenn ein dürres Jahr kommt,
sondern bringt ohne Aufhören Früchte.

Jeremia 17,7-8

Die Liebe Gottes

Ich wünsche euch,
dass die Gnade unseres Herrn Jesus Christus,
die Liebe Gottes
und die Gemeinschaft des Heiligen Geistes
euer Leben bestimmen.

2. Korinther 13,13 (Übersetzung des Hrsg.)

Der Friede Gottes

Der Friede Gottes,
der höher ist als alle Vernunft,
bewahre eure Herzen und Sinne
in Christus Jesus.

Philipper 4,7

Diese beiden Verse beschließen oft den Gottesdienst. Sie können aber auch in der Familie vorkommen. Wenn man das „euch" zu „uns" macht, klingt das ganz anders: „Ich wünsche uns, dass der Friede Gottes unser Leben bestimmt!"

Geburtstag

Geburtstage sind ein besonders guter Anlass für Segenswünsche. Einmal im Jahr steht jeder für einen Tag im Mittelpunkt. Das ist ein guter Anlass, ihm den Segen Gottes zu wünschen und zuzusprechen. Das muss nicht spektakulär formuliert sein, sondern einfach ausdrücken: „Ich wünsche dir, dass du dich im nächsten Lebensjahr gut aufgehoben fühlst bei Gott!"

Zum neuen Lebensjahr

Viel Glück und viel Segen
auf all deinen Wegen,
ein fröhliches Herze,
das schenke dir Gott.

Volksgut

Heute habe ich Geburtstag

Mein Vater, ich habe heute Geburtstag.
Du hast mich beschützt im vergangenen Jahr.
Ich danke dir für deine Güte und Freundlichkeit.
Du hast mir Eltern gegeben, die mich lieb haben,
eine Wohnung, Geschenke und Kleider.
Ich danke dir, Vater. Hilf mir, dass ich in meinem
neuen Lebensjahr keine großen Fehler mache.
Lass mich groß und stark werden.

Aus Indien

Mein Wunsch für dich

Mein Wunsch für dich ist,
dass du in deinem Herzen dankbar bewahrst
alle kostbaren Erinnerungen an dein Leben,

dass du mutig weitergehst,
wenn ein hartes Kreuz dir die Schultern drückt,
wenn der hohe Gipfel vor dir unerreichbar scheint
und selbst das Licht der Hoffnung schwindet,

dass die Begabungen, die Gott dir gab,
in dir wachsen und dir mit den Jahren helfen,
die Herzen jener froh zu machen, die du liebst,

und dass an Leidens- und an Freudentagen
das Lächeln Gottes mit dir sei,
und du dich ihm so innig nahe fühlst,
wie er's für dich ersehnt.

Irischer Segenswunsch

Gebete gegen die Angst

... und andere unangenehme Gefühle

Kinder und Eltern haben immer wieder auch unangenehme Gefühle. Das ist ganz normal – bei den Großen und den Kleinen. Jeder von uns hat mal Angst oder ist wütend, wurde verletzt oder ist traurig.

Es ist wichtig, dass Eltern die Kinder (natürlich altersgemäß) auch an ihren „negativen" Gefühlen Anteil nehmen lassen. Denn nur so lernen sie, diese Gefühle bei sich selbst ernst zu nehmen und in angemessener Weise damit umzugehen.

Im Gebet haben solche Gefühle und Gedanken auf jeden Fall ihren Platz, denn mit Gott können wir über alles reden, was uns bewegt. Gebete gegen die Angst oder andere blöde Gefühle sind meistens kurz und knackig, weil es nicht darum geht, große Worte zu machen oder schöne Sätze zu formulieren. Stattdessen bringt man die Gefühle und Gedanken, die sich immer breiter machen, zu Gott. Vielleicht auch nur in einem einzigen Satz. Das reicht.

Das können Kinder oft besser als Erwachsene, weil sie sich eher trauen, über ihre Ängste zu reden. Solche Gebete sind meistens nicht schön, sie reimen sich nicht, sie klingen nicht gut. Es sind Schreie zu Gott. Doch ihm ist keine menschliche Regung fremd. Auch hier sind die Psalmen eine wahre Fundgrube!

Höre mein Gebet

Herr, höre mein Gebet
und vernimm mein Schreien!
Wende dich nicht von mir ab, wenn ich in Not bin.
Höre mich und antworte mir schnell, wenn ich zu dir rufe.
Ich liege schlaflos,
ich bin wie ein einsamer Vogel auf dem Dach.
Mein Leben schwindet dahin wie ein Schatten am Abend.
Ich bin wie Gras, das vertrocknet.

Diese Worte aus Psalm 102 zeigen die große Not des Beters. Sie können unsere eigenen Worte werden oder uns ermutigen, Gott ganz offen zu sagen, wie es in uns aussieht.

Ich habe Angst

Lieber Gott im Himmel,
ich habe Angst.
Ich habe Angst vor Räubern.
Ich habe Angst davor,
dass es brennt.
Angst vor wilden Tieren.
Bitte, Herr, nimm du die Angst weg.
Amen.

Marie, 7 Jahre: „Jeder kann das, wovor er Angst hat, statt meinen Ängsten einsetzen."

Ich bin traurig

Es gibt Tage,
da bin ich traurig und mutlos.
Die Sonne scheint,
aber ihre Strahlen
erreichen nicht mein Herz.
Ich weiß nichts anzufangen.
Oft meine ich dann:
Keiner will mich verstehen.

Dann verkrieche ich mich.
Was ist los?*
Oft suche ich nach jemandem,
der mich in seine Arme schließt.

Halte mich fest an deiner Hand, Gott,
so wie du Jesus auch in dunklen
Stunden nicht im Stich gelassen hast.
Ihn hast du sogar zu neuem Leben
auferweckt.

**An dieser Stelle können auch konkrete Dinge genannt werden, warum der Beter oder die Beterin traurig ist.*

Ich bin wütend

Lieber Gott, manchmal bin ich richtig wütend!
Dann schreie ich laut rum, knalle Türen,
stampfe mit den Füßen und mache manchmal
sogar was kaputt.
Oder ich rede mit keinem mehr.
Das passiert meist, wenn etwas nicht so klappt,
wie ich es mir vorgestellt habe.
Oder wenn ich mich ungerecht behandelt fühle.

Hier können konkrete Situationen benannt werden.

Vater im Himmel, du weißt, dass es zwischen
Menschen immer mal Streit gibt.
Bei Kindern ebenso wie bei Erwachsenen.
Oder zwischen mir und meinen Eltern.
Das finden dann eigentlich alle blöd.
Bitte hilf mir doch, dass ich nicht so schnell wütend werde. Und wenn es passiert, dass ich mich auch wieder vertragen kann.

Keine Zeit, eine Heilige zu sein

Herr der Töpfe und Pfannen, ich habe keine Zeit, eine Heilige zu sein und dir zum Wohlgefallen in der Nacht zu wachen, auch kann ich nicht meditieren in der Morgendämmerung und im stürmischen Horizont.

Mache mich zu einer Heiligen, indem ich Mahlzeiten zubereite und Teller wasche. Nimm an meine rauen Hände, weil sie für dich rau geworden sind. Kannst du meinen Spüllappen als einen Geigenbogen gelten lassen, der himmlische Harmonie hervorbringt auf einer Pfanne? Sie ist so schwer zu reinigen und ach, so abscheulich. Hörst du, lieber Herr, die Musik, die ich meine?

Die Stunde des Gebetes ist vorbei, bis ich mein Geschirr vom Abendessen gespült habe, und dann bin ich sehr müde. Wenn mein Herz noch am Morgen bei der Arbeit gesungen hat, ist es am Abend schon längst vor mir zu Bett gegangen. Schenke mir, Herr, dein unermüdliches Herz, dass es in mir arbeite statt des meinen. Mein Morgengebet habe ich in die Nacht gesprochen zur Ehre deines Namens. Ich habe es im Voraus gebetet für die Arbeit des morgigen Tages, die genau dieselbe sein wird wie heute.

Herr der Töpfe und Pfannen, bitte darf ich dir anstatt gewonnener Seelen die Ermüdung anbieten, die mich ankommt beim Anblick von Kaffeesatz und angebrannten Gemüsetöpfen? Erinnere mich an alles, was ich leicht vergesse; nicht nur, um Treppen zu sparen, sondern, dass mein vollendet gedeckter Tisch ein Gebet werde. Obgleich ich Martha-Hände habe, hab ich doch ein Maria-Gemüt, und wenn ich die schwarzen Schuhe putze, versuche ich, Herr, deine Sandalen zu finden. Ich denke daran, wie sie auf Erden gewandelt sind, wenn ich den Boden schrubbe.

Herr, nimm meine Betrachtung an, weil ich keine Zeit habe für mehr. Herr, mache dein Aschenbrödel zu einer himmlischen Prinzessin, erwärme die ganze Küche mit deiner Liebe und erleuchte sie mit deinem Frieden. Vergib mir, dass ich mich absorge, und hilf mir, dass mein Murren aufhört. Herr, der du das Frühstück am See bereitet hast, vergib der Welt, die da sagt: „Was kann denn aus Nazareth Gutes kommen?“

w

Dieses Gebet wird Teresa von Avila (1515–1582) zugeschrieben. Im zweiten Teil sind die Bilder der Beterin in unsere Zeit übertragen. Das Gebet ist in seiner Ehrlichkeit und Alltäglichkeit auch nach 500 Jahren noch zeitgemäß und ermutigend. Und gerade darin ist es so tief. Denn der Gott, zu dem wir im Vertrauen beten, ist ein Gott des Alltags, und ihm sind keine Lebensäußerungen fremd.

Hab Erbarmen mit mir, Herr!

Hab Erbarmen mit mir, Herr,
denn ich bin schwach.
Heile mich, Herr,
denn mein Körper leidet Qualen
und mein Herz ist krank.
Wie lange noch, Herr?
Komm wieder, Herr, und rette mich.
Hilf mir, weil du so gnädig bist.

Aus Psalm 6

Ich habe mich gestritten

Lieber Gott,
ich habe mich gestritten.
Wir haben uns geschlagen und geboxt.
Es tut mir leid.
Kannst du mir noch mal verzeihen?
Ich entschuldige mich auch gleich
bei den anderen.
Amen.

Marie, 7 Jahre

Gebete zu Feiertagen

Gebete begleiten uns durch das ganze Kirchenjahr: Advent und Weihnachten, Karfreitag, Ostern und Pfingsten, aber auch das Erntedank-Fest oder der Buß- und Bettag – gebetet wird immer. An diesen Feiertagen erinnern wir uns besonders an Gott und an sein konkretes Handeln in dieser Welt. Wir danken ihm, wir bitten für uns und andere. Vielleicht besuchen wir einen Gottesdienst; dort hat das Gebet bereits seinen Platz.

Aber natürlich stehen an den Feiertagen auch andere Dinge im Mittelpunkt des Familienlebens: Geschenke, gutes Essen, vielleicht Ausflüge oder Treffen mit Freunden oder Verwandten. Es herrscht jede Menge Trubel und Geschäftigkeit – von Andacht ist da manchmal kaum etwas zu spüren. Das ist auch ganz normal, so ist das Leben in der Familie.

Aber irgendwann, vielleicht am Abend, vielleicht auch mittendrin bei einer Mahlzeit, können wir einen Moment der Ruhe nutzen. Einen Augenblick zum Innehalten finden. Wir können uns in einem Moment des Gebets daran erinnern, was der Grund unseres Feierns ist. Dass Jesus in die Welt gekommen ist, dass er am Kreuz für uns gestorben ist. Dass Gott uns versorgt mit dem, was wir brauchen ... Diese Momente können unserem Feiern eine neue Tiefe geben.

Advent

Wie soll ich dich empfangen?

Wie soll ich dich empfangen
Und wie begegne ich dir,
Du aller Welt Verlangen,
Du meine Seelen Zier?
O Jesu, Jesu, setze
mir selbst die Fackel bei,
damit,was dich ergötze,
mir kund und wissend sei.

Paul Gerhardt

Du kamst zu uns

Jesus Christus, Sohn Gottes: du kamst zu uns in die Welt, wurdest Mensch. Hilf uns, dieses Wunder neu zu begreifen. Lass dein Licht sich ausbreiten in unseren Herzen, lass es warm werden in der Kälte dieser Welt – durch uns. Darum bitten wir dich, der du mit dem Vater und dem Heiligen Geist lebst und regierst in Ewigkeit.

Martin Senftleben

Zeit der Vorbereitung

Gott des Lebens und des Friedens.
In dir leben wir, bewegen wir uns und sind wir.
Wir bitten dich,
lass die Zeit der Vorbereitung auf Weihnachten
für uns eine sinnvolle Zeit sein,
in der wir zum Wesentlichen zurückkehren.
Lass uns aufmerksam sein für die Menschen um uns
und für dein Wort, das du für uns hast.
Heute und alle Tage unseres Lebens.

Verfasser unbekannt

Adventgebet für Kinder

Lieber Gott, ich danke dir, dass ich so gute Eltern habe.
Bitte hilf uns, in der Adventszeit öfter mal eine Pause zu machen.
Damit wir uns jeden Tag ein bisschen mehr auf Weihnachten freuen
können.

Marie, 7 Jahre

Weihnachten

Ich steh an deiner Krippe

Ich steh an deiner Krippe hier,
o Jesu, du mein Leben;
ich komme, bring und schenke dir,
was du mir hast gegeben.
Nimm hin, es ist mein Geist und Sinn,
Herz, Seel und Mut, nimm alles hin
und lass dir's wohl gefallen.

Da ich noch nicht geboren war,
da bist du mir geboren
und hast mich dir zu eigen gar,
eh ich dich kannt, erkoren.
Eh ich durch deine Hand gemacht,
da hast du schon bei dir bedacht,
wie du mein wolltest werden.

Paul Gerhardt

Als Kind kommst du

Barmherziger Gott, immer wieder zweifeln wir an dir, denn du zeigst dich uns nicht als der Mächtige und Gewaltige, sondern als der Liebende und vergebende Gott. Als Kind kommst du in unsere Welt. Wir bitten dich: lass uns das Geschenk deiner Nähe annehmen, damit wir der Welt kundtun können: du bist da! Durch Jesus Christus, deinen Sohn. Amen

Martin Senftleben

Passionszeit

Tage der Umkehr

Getreuer Gott, im Vertrauen auf dich
beginnen wir
die vierzig Tage der Umkehr und Buße.
Gib uns die Kraft zu christlicher Zucht,
damit wir dem Bösen absagen
und mit Entschiedenheit das Gute tun.
Darum bitten wir durch Jesus Christus.

Messbuch für die Bistümer des deutschen Sprachgebietes

Christe, du Lamm Gottes, der du trägst die Sünde der Welt,
erbarme dich unser.
Christe, du Lamm Gottes, der du trägst die Sünde der Welt,
gib uns deinen Frieden.

Alter Passionsgesang

Ostern

Das Fest seiner Auferstehung

Allmächtiger, ewiger Gott,
am heutigen Tag
hast du durch deinen Sohn den Tod besiegt
und uns den Zugang zum ewigen Leben erschlossen.
Darum begehen wir in Freude
das Fest seiner Auferstehung.
Schaffe uns neu durch deinen Geist,
damit auch wir auferstehen
und im Licht des Lebens wandeln.
Darum bitten wir durch Jesus Christus.

Messbuch für die Bistümer des deutschen Sprachgebietes

Wir wollen alle fröhlich sein
in dieser österlichen Zeit;
denn unser Heil hat Gott bereit'.
Halleluja.

Alter Ostergesang

Der Herr ist auferstanden,
er ist wahrhaftig auferstanden.
Halleluja, halleluja!

Alter Ostergesang

Pfingsten

Oh komm, du Geist der Wahrheit

Oh komm, du Geist der Wahrheit,
und kehre bei uns ein,
verbreite Licht und Klarheit,
verbanne Trug und Schein.
Gieß aus dein heilig Feuer,
rühr Herz und Lippen an,
dass jeglicher getreuer
den Herrn bekennen kann.

O du, den unser größter
Regent uns zugesagt:
komm zu uns, werter Tröster,
und mach uns unverzagt.
Gib uns in dieser schlaffen
und glaubensarmen Zeit
die scharf geschliffnen Waffen
der ersten Christenheit.

Unglaub und Torheit brüsten
sich frecher jetzt als je;
darum musst du uns rüsten
mit Waffen aus der Höh.
Du musst uns Kraft verleihen,
Geduld und Glaubenstreu
und musst uns ganz befreien
von aller Menschenscheu.

Philipp Spitta

Dein Volk aus allen Völkern

Gott und Vater unseres Herrn Jesus Christus,
im Neuen Bund
berufst du aus allen Völkern dein Volk
und führst es zusammen im Heiligen Geist.
Gib, dass deine Kirche ihrer Sendung treu bleibt,
dass sie ein Sauerteig ist für die Menschheit,
die du in Christus erneuern
und zu deiner Familie umgestalten willst.
Darum bitten wir durch ihn,
der in der Einheit des Heiligen Geistes
mit dir lebt und herrscht in alle Ewigkeit.

Messbuch für die Bistümer des deutschen Sprachgebietes

Erntedank-Fest

Zur rechten Zeit

Aller Augen sehen auf dich und warten auf Hilfe; du gibst ihnen Nahrung, wenn es nötig ist.
Wenn du deine Hand öffnest, stillst du den Hunger und Durst aller Geschöpfe.

Psalm 145,15-16

Die Erde wird fruchtbar

Aus Quellen lässt du Bäche in die Täler hinabströmen, zwischen den Bergen fließen sie dahin. Sie bringen den Tieren Wasser und stillen den Durst der wilden Esel.
An den Wasserläufen nisten Vögel und singen im Geäst der Bäume. Vom Himmel schickst du Regen in die Berge, du schenkst der Erde reiche Frucht, die du geschaffen hast.
Du lässt Gras für das Vieh wachsen und Pflanzen sprießen, zum Nutzen für die Menschen, damit die Erde ihnen Nahrung gibt. Du gibst Wein, der sie fröhlich macht, Öl, das den Körper pflegt, und Brot, das ihnen Kraft schenkt.

Aus Psalm 104

Gebete für andere

Viele haben Fürbitte als ein wunderbares Geschenk in schwierigen Zeiten erlebt. Als Empfangende wussten sie sich getragen von den Gebeten anderer. Als Fürbittende war es manchmal das Einzige, was sie für andere in einer schwierigen Situation tun konnten. In beiden Situationen verbindet uns die Fürbitte mit Gott und anderen Menschen.

In der Fürbitte verschiebt sich der Blickwinkel von unseren eigenen Anliegen und Nöten auf die Sorgen und Anliegen anderer. Richard Foster, amerikanischer Theologe, bringt es in einem Satz auf den Punkt: „Fürbitte ist eine Art, den anderen zu lieben.“ Denn wer für einen anderen betet, nimmt Anteil an seinem Ergehen. Deshalb wird aus der Fürbitte nicht selten die konkrete Hilfe.

Wenn Kinder für andere bitten, ist das weit mehr als nur ein „süßer Satz vor dem Einschlafen“. Ein betendes Kind hat Anteil an der Wirklichkeit Gottes und an seinem Wirken in unserer Welt. Das sollten Eltern ihren Kindern vermitteln. Die Form – frei formuliert oder in einem vorgegebenen Gebet – ist dabei nebensächlich.

Fürbitten umfassen ein weites Feld. Den kranken Nachbarn, die eigene Familie, die Kirche dieser Welt, die Politik im eigenen Land bis hin zu den Katastrophen weltweit: Es gilt, Gottes ganze Welt in den Blick zu nehmen und vor ihrem Schöpfer und Erhalter für sie einzutreten. Das wird dann auch Auswirkungen auf unser eigenes Handeln haben.

Wenn zwei gemeinsam beten ...

Wenn zwei von euch hier auf der Erde
darin eins werden, eine Bitte an Gott zu richten,
dann wird mein Vater im Himmel diese Bitte erfüllen.
Denn wo zwei oder drei zusammenkommen,
die zu mir gehören,
bin ich mitten unter ihnen.

Matthäus 18,19-20

Gemeinsames Gebet hat eine besondere Kraft. Gerade in der Familie sich im Blick auf die Anliegen anderer füreinander einzusetzen, ist eine echte Chance. Wo wir zusammen unsere Bitten formulieren, da entfalten die Gebete Wirkung.

Guter Gott

Guter Gott,
behüte alle, die heute Nacht
wach liegen, weinen oder über andere wachen;
und lass deine Engel die schützen, die schlafen.

Tröste die Kranken,
gib Ruhe den Erschöpften,
segne die Sterbenden
und sei Schutz den Glücklichen
um deiner Liebe willen.

Augustinus

Die keine Eltern haben

Vater unser,
kümmre dich um alle Kinder,
die allein sind und keine Eltern haben.
Lass sie jemanden finden, der sie lieb hat,
und sei es dich und mich.

Erwin Grosche

Lass uns auf unsere Erde aufpassen

Lieber Gott,
ich habe von den Erwachsenen gehört,
dass wir auf unsere Erde gut aufpassen müssen.
Meere und Flüsse sind verschmutzt,
und von manchen Tieren und Blumen gibt es nur noch wenige.

Lieber Gott,
ich kann auch helfen, dass unsere Erde wieder schöner wird
und Pflanzen und Tiere genug Platz zum Leben haben.

Angelika Kipp

Wenn ich groß bin

Lieber Gott,
hilf uns, dass die Erde schön bleibt.
Wenn ich einmal groß bin, lieber Gott,
sollen meine Kinder sich auf dieser Erde auch wohl fühlen.

Angelika Kipp

Gebet für diese Erde führt zur Sorgfalt im Umgang mit der Erde. Gebet für die Schöpfung und Umweltschutz gehören zusammen. Überlegen Sie, wie Sie und Ihre Familie für den Erhalt der Umwelt beitragen können ...

Licht und Salz

Die Kirche Gottes muss das Licht und das Salz der Welt sein.
Durch die Kraft Gottes sind wir die Hoffnung der Hoffnungslosen.
Wir müssen eine Situation des Hasses und Misstrauens, der Furcht und der Verbitterung umgestalten.
Wo Härte und Gefühllosigkeit herrschen, müssen wir mitfühlend und liebevoll sein.
Wo Menschen zu Nummern degradiert werden, müssen wir zeigen, dass sie für Gott unermesslichen Wert haben!

Diese Worte stammen von dem südafrikanischen Bischof Desmond Tutu. Er hat aktiv gegen die Trennung zwischen Weißen und Schwarzen in Südafrika gekämpft und dafür den Friedensnobelpreis erhalten. Seine Worte zum Auftrag der Kirche haben auch heute eine große Bedeutung.

Sonne der Gerechtigkeit

Sonne der Gerechtigkeit,
gehe auf zu unsrer Zeit;
brich in deiner Kirche an,
dass die Welt es sehen kann.
Erbarm dich, Herr.

Weck die tote Christenheit
aus dem Schlaf der Sicherheit;
mache deinen Ruhm bekannt
überall im ganzen Land.
Erbarm dich, Herr.

Schaue die Zertrennung an,
der kein Mensch sonst wehren kann;
sammle, großer Menschenhirt,
alles, was sich hat verirrt.
Erbarm dich, Herr.

Gib den Boten Kraft und Mut,
Glaubenshoffnung, Liebesglut,
lass viel Früchte deiner Gnad
folgen ihrer Tränensaat.
Erbarm dich, Herr.

Christian David / Christian Gottlob Barth / Johann Christian Nehring

Dieses alte Kirchenlied nimmt genau das Anliegen von Desmond Tutu auf. Dabei stammen die Strophen von drei verschiedenen Liederdichtern und sind innerhalb eines Jahrhunderts (zwischen 1704 und 1827) entstanden. In dieser Zeit erlebten Teile der evangelischen Kirche in Deutschland einen Aufbruch.

Gebet für die Jugend in Afrika und auf der ganzen Welt

Herr, du bist der rechte Führer der Jugend.
Du weißt genau, was sie braucht.

Sie braucht nicht unsere muffigen Moralpauken.
Sie braucht nicht unser Besserwissen.
Aber deine Gebote und deine Gnade braucht sie.
Gib der Jugend der Welt Geduld,
Gehorsam, Demut, Energie und Freude.

Wir haben hier gelesen,
dass die Jugend in Europa und Amerika traurig ist.
Schenke ihnen ein Herz voller Fröhlichkeit.

Lass sie deine Jugend sein,
damit sie nicht so versagt wie wir Erwachsenen.

Aus Afrika

Gebet für die Mächtigen der Erde

Gott,
sieh herab auf die Gewichtigen unserer Welt,
auf die Mächtigen und Einflussreichen,
sieh auf ihr Tun und Treiben,
auf ihre kleinen Seelen und
ihre große Verantwortung,
auf ihre großen Ängste und ihren kleinen Mut.

Schenke ihnen die Gabe der guten Leitung
und die Güte der verantwortlichen Führung,
dass sie demütig sind, ohne ihren Mut zu verlieren,
dass sie bescheiden bleiben,
ohne die Anerkennung zu überhören,
dass sie sich konzentrieren können,
ohne engherzig zu sein.

Stelle ihre Macht und Herrschaft unter dein Licht,
lehre sie andere Stärke zu würdigen
und glaubhafte Führung zu respektieren.
Behüte ihre Seelen vor Korruption,
begrenze ihre Lust an Karriere,
bewahre sie vor leichten Siegen,
schenke ihnen ein gutes Gespür für Schmeichler,
segne sie mit weisen Entscheidungen,
dass wir leben können in deiner Welt
in Frieden und Gerechtigkeit
bei Bewahrung der Schöpfung.

Thies Gundlach

Gebete bekannter Menschen

Natürlich sind vor Gott alle Menschen gleich an Würde und Wert. Vor ihm haben Titel, Ehrenbezeichnungen und Bekanntheitsgrad keine Bedeutung. Im Gegenteil: Jesus schien während seines Lebens auf dieser Welt das Geringe oder Normale immer besonders wichtig zu sein.

Gleichzeitig ist es ein besonderer Segen für die Welt, wenn auch die Denker und Lenker nicht nur handeln, sondern auch beten. Deshalb an dieser Stelle eine kleine Gebetesammlung von bekannten Persönlichkeiten aus ganz unterschiedlichen Ländern aus verschiedenen Zeiten.

Kunst der kleinen Schritte

Ich bitte nicht um Wunder und Visionen, Herr,
sondern um die Kraft für den Alltag.
Lehre mich die Kunst der kleinen Schritte.

Antoine de Saint-Exupéry (1900–1944) war französischer Pilot der Luftwaffe und Autor. Sein berühmtestes Werk ist „Der kleine Prinz", das in 140 Sprachen übersetzt wurde. Er ist 1944 mit seinem Flugzeug verschollen.

Gebet um Humor

Schenke mir eine gute Verdauung, Herr,
und auch etwas zum Verdauen.
Schenke mir Gesundheit des Leibes,
mit dem nötigen Sinn dafür, ihn möglichst gut zu erhalten.
Schenke mir eine heilige Seele, Herr,
die das im Auge behält, was gut und rein ist,
damit sie im Anblick der Sünde nicht erschrecke,
sondern das Mittel finde, die Dinge wieder in Ordnung zu bringen.
Schenke mir eine Seele, der die Langeweile fremd ist,
die kein Murren kennt und kein Seufzen und kein Klagen,
und lass nicht zu, dass ich mir allzu viele Sorgen mache
um dieses sich breitmachende Etwas, das sich „Ich“ nennt.
Herr, schenke mir Sinn für Humor,
gib mir die Gnade, damit ich ein wenig Glück kenne im Leben und anderen
davon mitteile.

Thomas Morus (1478–1535) war englischer Staatsmann unter Heinrich VIII. Er war sehr gebildet, aber auch zutiefst religiös und war deshalb nicht einverstanden, als sein König sich von seiner ersten Frau scheiden lassen wollte. Heinrich VIII. ließ ihn daraufhin hinrichten.

Zu wem soll ich rufen, Herr?

Zu wem soll ich rufen, Herr,
zu wem meine Zuflucht nehmen,
wenn nicht zu Dir?
Alles, was nicht Gott ist,
kann meine Hoffnung nicht erfüllen.
Gott selbst verlange und suche ich;
an Dich allein, mein Gott,
wende ich mich, um Dich zu erlangen.
Du allein hast meine Seele erschaffen können,
Du allein kannst sie aufs neue erschaffen;
Du allein hast ihr Dein Bildnis einprägen können,
Du allein kannst sie umprägen
und ihr Dein ausgelöschtes Antlitz
wieder eindrücken, welches ist Christus,
mein Heiland, der Dein Bild ist
und das Zeichen deines Wesens.

Blaise Pascal (1623–1662) war ein hochbegabter französischer Mathematiker, Physiker, Philosoph und Theologe. Obwohl er so viel wusste, lebte er eine schlichte und tiefe Frömmigkeit. Aber er merkte oft auch, dass es nicht ganz einfach war, seine großen geistigen Fähigkeiten (seine Vernunft, seinen Kopf) und seine Liebe zu Gott (seinen Glauben, sein Herz) zusammenzubringen.

Komme, was mag

Komme, was mag.
Gott ist mächtig!
Wenn unsere Tage verdunkelt sind
und unsere Nächte finsterer
als tausend Mitternächte,
so wollen wir stets daran denken,
dass es in der Welt
eine große, segnende Kraft gibt,
die Gott heißt.
Gott kann Wege aus der Ausweglosigkeit weisen.
Er will das dunkle Gestern
in ein helles Morgen verwandeln –
zuletzt in den leuchtenden Morgen der Ewigkeit.

Martin Luther King (1929–1968) kämpfte für die Gleichberechtigung von schwarzen und weißen Bürgern in Amerika. Dabei war ihm besonders wichtig, dass der Kampf friedlich vonstattengeht. Tatsächlich wurde 1965 ein Gesetz erlassen, das es schwarzen US-Bürgern erlaubte, wählen zu gehen. 1968 erhielt King für seine Bemühungen den Friedensnobelpreis. Im selben Jahr wurde er vor seinem Haus erschossen.

O Herr, sorge für uns

O Herr,
du hast uns gesagt, dass unser Vater im Himmel für uns sorgen wird, so wie er für die Lilien auf dem Felde und die Vögel unter dem Himmel sorgt.
Du, der nicht einmal einen Platz hatte, wohin er sein müdes Haupt legen konnte, sei unser Lehrer. Lehre uns, auf Gottes Vorsehung zu vertrauen, und hilf uns, unsere menschliche Habgier zu überwinden. Habgier hat nie jemanden glücklich gemacht.
Gib uns die Kraft, uns dir ganz zu ergeben, damit wir ein Werkzeug sein können, deinen Willen zu erfüllen.
Segne den Gebrauch des Geldes in der Welt, damit die Hungernden gespeist, die Nackten gekleidet, die Armen beherbergt und die Kranken gepflegt werden können.
Und Herr, gib uns deinen Heiligen Geist, damit wir durch den Glauben, den du uns verleihst, klar erkennen, dass wir alle vor dir mehr gelten als jede schöne Lilie oder jede singende Lerche in der Luft.

Mutter Teresa (1910–1997), Tochter reicher Eltern aus Mazedonien, entschied sich schon früh für ein Leben als Ordensfrau. Sie setzte sich aufopferungsvoll für die Ärmsten der Armen in Kalkutta, Indien ein. 1985 erhielt sie hierfür den Friedensnobelpreis.

Bleib du uns gnädig zugewandt

Der du die Zeit in Händen hast,
Herr nimm auch dieses Jahres Last
und wandle sie in Segen.
Nun von dir selbst in Jesu Christ
die Mitte fest gewiesen ist,
führ uns dem Ziel entgegen.

Der du allein der Ewige heißt
und Anfang, Ziel und Mitte weißt
im Fluge unserer Zeiten:
bleib du uns gnädig zugewandt
und führe uns an deiner Hand,
damit wir sicher schreiten!

Jochen Klepper (1903–1942) war ein deutscher Journalist, Schriftsteller und einer der bedeutendsten geistlichen Liederdichter des 20. Jahrhunderts.

Steh mir bei auf meinem Weg

Guter Hirte unseres Lebens,
steh mir bei auf meinem Weg
in Kreuz und Schmerz,
lass mich niemals allein.

Deine spürbare und mächtige Gegenwart
möge alle Bedrohungen verscheuchen.
Gib mir jetzt Orientierung.
Gib mir Frieden und reiche Gnade.

Strecke deine sichere Hand aus,
wenn ich das tiefe Tal durchschreite.
Dein reines und klares Wasser
labe meine Seele und die Welt.

Die Verheißung der grünen Flur
erfüllt mich mit Zufriedenheit.
Sie ist wie der Morgenstern,
der das Firmament mit Freude ziert.

Alles ist Friede und Harmonie,
niemand hat Furcht.
Deine Gegenwart sättigt mich.
Mit dir fehlt es mir an nichts.

Leonardo Boff ist ein weltweit bekannter katholischer Theologe aus Brasilien, der sich vehement für die Menschenrechte der Armen und für ökologische Themen engagiert. Er ist deshalb in seiner Kirche sehr umstritten.

Bei dir ist das Licht

In mir ist es finster, aber bei dir ist das Licht
ich bin einsam, aber du verlässt mich nicht
ich bin kleinmütig, aber bei dir ist die Hilfe
ich bin unruhig, aber bei dir ist Frieden
in mir ist Bitterkeit, aber bei dir ist die Geduld
ich verstehe deine Wege nicht, aber du weißt den rechten Weg für mich.

Dietrich Bonhoeffer war evangelischer Theologe und engagierte sich – motiviert durch seinen Glauben – im Widerstand gegen das Naziregime im Dritten Reich. Deshalb wurde er 1943 inhaftiert und noch im April 1945 hingerichtet.

Quellenverzeichnis

Gebete am Anfang des Tages

Wir leben von deiner Liebe aus: Heidi und Jörg Zink, „Wie Sonne und Mond einander rufen", Mit Kindern sprechen und beten, © Kreuz Verlag, Stuttgart, 8. Auflage 1997, S. 14 .

Tischgebete

Gespräch zur Mittagszeit aus: Detlev Block, © Detlev Block, Bad Pyrmont

Abendgebete

Du hast uns Kraft gegeben aus: Heidi und Jörg Zink, „Gebete für Kinder", © Kreuz Verlag, Stuttgart, Neuausgabe 2004, S. 24f.

Wunderbar geborgen aus: Dietrich Bonhoeffer, „Widerstand und Ergebung", © by Gütersloher Verlagshaus, Gütersloh, in der Verlagsgruppe Random House GmbH, München.

Gebete aus aller Welt

Wir danken dir aus: Martina Merckel-Braun (Hrsg.)/ Sepp Friedhuber (Fotos): Ich werfe meine Freude an den Himmel, Gedanken und Gebete aus Afrika © 2003 SCM R.Brockhaus im SCM-Verlag GmbH & Co. KG, Witten.

Was ich dir wünsche aus: ebd.

Jesus, du bist die frische Briese ... aus: Afua Kuma: „Du fängst das Wasser in deinem Netz. Lobgesänge und Gebete aus Ghana", © 1987 Erlanger Verlag für Mission und Ökumene, Neuendettelsau.

Alte Gebete

Von guten Mächten geborgen aus: Dietrich Bonhoeffer, „Widerstand und Ergebung“, © by Gütersloher Verlagshaus, Gütersloh, in der Verlagsgruppe Random House GmbH, München.

Gesungene Gebete

Danke, für diesen guten Morgen: Text Martin Gotthard Schneider (1961), © Gustav Bosse Verlag, Kassel.

Meine Zeit steht in deinen Händen: Text von Peter Strauch, © 1981 SCM Hänssler im SCM-Verlag, Holzgerlingen.

Du hast Erbarmen: Text von Albert Frey, © 1983 SCM Hänssler im SCM-Verlag, Holzgerlingen für Immanuel Music, Ravensburg.

Wo ich auch stehe: Text von Albert Frey, © 1994 SCM Hänssler im SCM-Verlag, Holzgerlingen für Immanuel Music, Ravensburg.

Wunderbarer Hirt: Text von Lothar Kosse, © 2004 Praize Republic, Köln.

Komm, jetzt ist die Zeit: Originaltitel: Come, Now Is The Time To Worship, Text und Musik: Brian Doerksen, Deutscher Text von Daniel Jacobi / Guido Baltes. © 1998 Vineyard Songs, UK /Eire. Rechte für D, A, CH: Gerth Medien Musikverlag, Asslar

Segensgebete

Nahrung und Frieden / Mein Wunsch für dich aus: Musik der Erde. Irische Segenswünsche, hrsg. von Hildegunde Wöller © KREUZ VERLAG in der Herder GmbH, Freiburg im Breisgau, 9. Auflage 2008.

Gott sei über dir / Ich wünsche dir aus: Hermann Multhaupt (Hg.), Möge das Jahr dich mit seinen Geschenken beglücken. Irische Segenswünsche © Matthias-Grünewald-Verlag der Schwabenverlag AG, Ostfildern 2006.

Heute habe ich Geburtstag aus: Norbert Weidinger: Meine schönsten Gebete, Verlagsgruppe Weltbild GmbH, Augsburg, 2004.

Gebete gegen die Angst

Ich bin traurig aus: Norbert Weidinger: Meine schönsten Gebete, Verlagsgruppe Weltbild GmbH, Augsburg, 2004.

Gebete zu Feiertagen

Du kamst zu uns aus: Kollektengebet, © Martin Senftleben, Wolfenbüttel, www.daskirchenjahr.de

Adventgebet für Kinder / Als Kind kommst du aus: © Martin Senftleben, Wolfenbüttel, www.daskirchenjahr.de

Tage der Umkehr aus: Messbuch für die Bistümer des deutschen Sprachgebietes
Die ständige Kommission für die Herausgabe der gemeinsamen liturgischen Bücher im deutschen Sprachgebiet erteilte für die aus diesen Büchern entnommenen Texte die Abdruckerlaubnis.

Allmächtiger, ewiger Gott aus: Ebd.

Dein Volk aus allen Völkern aus: Ebd.

Gebete für andere

Die keine Eltern haben aus: „Vater unser, kümmre dich um alle Kinder" von Erwin Grosche aus: Du machst mich froh. Das große buch der Kindergebete © 2002 by Gabriel Verlag (Thienemann Verlag GmbH), Stuttgart/Wien. www.gabriel-verlag.de.

Lass uns auf unsere Erde aufpassen aus: Angelika Kipp, Ich will dir was erzählen, lieber Gott © 2004, Kösel-Verlag, München, in der Verlagsgruppe Random House GmbH

Wenn ich groß bin: ebd.

Licht und Salz aus: Desmond Tutu: „Ausgewählte Texte", © 1987 Wilhelm Goldmann Verlag, München.

Gebet für die Jugend in Afrika und auf der ganzen Welt aus: Fritz Pawelzik: „Ich werfe meine Freude an den Himmel. Gebete aus Afrika“, © 1992 SCM R.Brockhaus im SCM-Verlag GmbH & Co. KG, Witten.

Gebet für die Mächtigen der Erde aus: Thies Gundlach „Lass dich finden von meiner Sehnsucht“, © Thies Gundlach, Hannover

Gebete bekannter Menschen

Bleib du uns gnädig zugewandt aus: Jochen Klepper: „Kyrie, Geistliche Lieder“, © Evangelische Verlagsanstalt, Berlin 1952.

Steh mir bei auf meinem Weg aus: aus: Der Herr ist mein Hirte. Psalm 23. Ausgelegt von Leonardo Boff. Aus dem Portug. übers. von Bruno Kern © Patmos Verlag der Schwabenverlag AG, Ostfildern/Düsseldorf 2005.

Bei dir ist das Licht aus: Dietrich Bonhoeffer, Widerstand und Ergebung © 1998, Gütersloher Verlagshaus, Gütersloh, in der Verlagsgruppe Random House GmbH.